Elogio de la irreverencia

GEORGES KIEJMAN

RICHARD MALKA

Elogio de la irreverencia

Traducción: Alberto Torrego

libros del
Zorzal

Cet ouvrage, publié dans le cadre du Programme d'aide à la publication Victoria Ocampo, a bénéficié du soutien de l'Institut français d'Argentine.

Esta obra, publicada en el marco del Programa de ayuda a la publicación Victoria Ocampo, cuenta con el apoyo del Institut français d'Argentine.

Diseño de tapa: Enric Jardí Soler
Fotos de los autores en solapas: © JF PAGA

Título original: *Éloge de l'irrévérence*
© 2019. Editions Grasset & Fasquelle
© 2024. Libros del Zorzal, SL
España
<www.delzorzal.com>

ISBN 978-84-19496-79-9

Depósito legal M-24516-2023

Índice

Durante las audiencias del 7 y 8 de febrero de 2007, el presidente del Tribunal de Primera Instancia de París[1] autorizó excepcionalmente la presencia de un estenotipista, lo que permitió conservar los alegatos reproducidos en esta obra.

---

[1] El *Tribunal de grande instance* (TGI) era el Tribunal de Primera Instancia que arbitraba en asuntos de derecho común en materia civil. A partir del 1° de enero de 2020, los tribunales de *instance* y de *grande instance* se fusionaron en el tribunal judicial (TJ). Para respetar su función al momento del juicio, traducimos *Tribunal de grande instance* como Tribunal de Primera Instancia. [N. del T.]

Preliminar

"Si condenan a Charlie Hebdo,
el silencio se nos echará encima."

ÉLISABETH BADINTER

Ahora ya sabemos cuál el precio de la irreverencia, esa inobservancia de las idolatrías y de las sacralidades que, según Flaubert, resumiendo el espíritu francés, constituye la más libre expresión de la virtud crítica porque es la más audaz, la más impertinente y la más desenvuelta. Semejante ligereza se paga de nuevo ante de nuestros ojos con la muerte. Los tribunales de la Ley revelada que pronuncian la pena capital son virtuales, sus sentencias son eternas, sus verdugos son espontáneos. Así es la justicia divina en estos tiempos de democracia invertida, en la que el derecho sirve a la venganza en lugar de a reparar el mal. Cuando el castigo supremo cae del cielo, el impío no puede tener defensores en la tierra.

Desde esta perspectiva debemos leer y releer los alegatos de los letrados Richard Malka y Georges Kiejman, que recoge el presente volumen. Son del año

2007, pero siguen siendo trágicamente actuales. Nos hablan, desde el ayer, del terrible hoy. Permanecen como llamadas a la resistencia, no solamente frente a los sectarios fanáticos, sino frente a todos aquellos y aquellas que por su complicidad o su pasividad participan en la propagación o en la legitimación de su proyecto liberticida.

En 2007, estos dos abogados de generaciones distintas, pero movidos por ideales semejantes, asumen la defensa de *Charlie Hebdo* durante el proceso judicial que diversas organizaciones musulmanas emprenden contra el periódico satírico por ofensa a la dignidad de los creyentes. La Gran Mezquita de París, la Unión de las Organizaciones Islámicas de Francia (UOIF) y la Liga Islámica Mundial (LIM) reprochan al semanario la reproducción de las caricaturas de Mahoma publicadas tres años antes por el periódico danés *Jyllands-Posten*.

El asunto comienza, de hecho, un poco antes, en 2004, en los Países bajos, con *Sumisión,* una polémica película de Theo van Gogh acerca de la condición de la mujer en el islam. El asesinato del cineasta a manos de un yihadista siembra el terror en los medios artísticos y lleva a los intelectuales a preguntarse por los límites de los principios de la Ilustración. Al año siguiente, en 2005, en Copenhague, el escritor Kare Bluitgen encuentra serias dificultades para encontrar un ilustrador para su biografía de Mahoma destinada a al público joven. Advertido, Fleming Rose, jefe del servicio cultural del *Jyllands-Posten,* acepta lo que considera como un desafío a la libertad de expresión, pero solo consigue el asentimiento de catorce de los cuarenta dibujantes con los que cuenta la corporación en Dinamarca. Algunos optan claramente por la caricatura, pero todos desafían el *aniconismo* que el sunismo considera un dogma y el islamismo, un principio inviolable. Sus ilustraciones fueron publicadas el 30 de septiembre de 2005 bajo el título "Los rostros de Mahoma".

En las semanas siguientes, la aparición de estos dibujos adquiere una dimensión internacional. Los imanes y ulemas daneses movilizan a los Estados árabe-musulmanes, que protestan por vía diplomática, mientras el *Frankfurter Allgemeine Zeitung* y el *Slobodna Bosna* publican también las caricaturas. Se crea un bando de boicot a los productos daneses por iniciativa de Arabia Saudí, mientras que otros diarios europeos siguen los pasos de sus colegas. La escalada continúa hasta el 4 de febrero de 2006, cuando las embajadas de los países escandinavos en Damasco, Siria, son incendiadas y la embajada de Francia, asaltada. El mundo musulmán se verá afectado por sangrientos disturbios a partir de esa fecha.

En París, justamente, se realiza una primera publicación el 1 de febrero de 2006 en *France-Soir,* en nombre de la resistencia "de las sociedades democráticas y laicas contra el islamismo". El rector de la Gran Mezquita de

París reacciona asimilando a los caricaturistas con los ne-
gacionistas, puesto que el "sentimiento de lo sagrado no
debe ser juzgado ni ridiculizado y aún menos caricatu-
rizado por los no creyentes". El 2 de febrero el director
editorial de *France-Soir*, Jacques Lefranc, es despedido.
El 3 de febrero, *Le Monde* y *Libération* publican dos de
las caricaturas y abogan por la libertad de expresión. El
4 de febrero, *Charlie Hebdo* anuncia un número especial
dedicado a las caricaturas. El 6 de febrero, el Consejo
Francés del Culto Musulmán (CFCM) presenta una demanda contra el semanario para que se prohíba su venta,
pero la solicitud es rechazada por vicios formales. El número especial sale el 8 de febrero.

Seis meses más tarde, *Charlie Hebdo* es citado a declarar por una denuncia de la Gran Mezquita de París,
la UOIF y la LIM. La acción procesal es consecuencia
de tres requerimientos oficiales en favor de la adop-
ción de una legislación que castigue explícitamente la
blasfemia. Entre ellos está el del CFCM, que se dirige
al presidente de la República. Además, se lanza una
petición: "Nos permitimos solicitar su intervención
para que se tomen las medidas legislativas necesarias
que impidan la islamofobia, el insulto y la difamación
a Dios y a sus profetas". Finalmente, los diputados
de la UMP[2] de la región de París, Jean-Marc Rou-
baud y Éric Raoult, presentan una proposición para

---

[2] En la época de estos alegatos, la Unión por un Movimiento Popular
(UMP) era el partido de Nicolas Sarkozy, que poco después sería ele-
gido presidente de la República. (N. del T.)

modificar la ley sobre la libertad de prensa de 1881 a fin de "prohibir la banalización de la blasfemia religiosa a través de caricaturas", pero esta proposición es rechazada por la Asamblea Nacional. Estos fracasos reiterados llevan a los demandantes a replegarse a los tribunales, el lugar por excelencia donde se juzgan la blasfemia y su reparación.

Este procedimiento se hace eco también de un debate nacional muy tenso que permite vislumbrar una Francia completamente fragmentada. Para resumir, la querella tiende a repetir las antiguas segmentaciones ideológicas, y las divisiones políticas o culturales impiden ver la triple novedad que presenta la situación: en primer lugar, el uso del aparato judicial con fines de reivindicación y reconocimiento comunitarios; después, la sustitución de la lucha de clases por un frente de razas y la de la pertenencia étnica por la pertenencia confesional en el seno de un "islamo-izquierdismo" que, siguiendo el ejemplo de Movimiento de los Indígenas de la República (MIR), sostiene que los "debates teológicos acerca de la libertad de expresión" son solo el rostro mentiroso de un verdadero "discurso de odio". Y finalmente, a pesar de la pretensión francesa del universalismo, la vuelta al delito de blasfemia se inscribe en un contexto de combate internacional.

El juicio a *Charlie Hebdo* comienza el 7 de febrero de 2007 ante el Tribunal de Primera Instancia de París. De las doce caricaturas publicadas por el semanario, solo dos forman parte de la demanda: la que representa a Mahoma con un turbante que termina en forma de bomba y la que lo representa gritando a unos kamikazes que se presentan ante las puertas del paraíso: "¡Alto, alto, que ya no nos quedan más vírgenes!". La acusación añade a estos dos dibujos el que aparece en la portada del número denunciado, en el que se retrata al Profeta contrariado. La LIM, la Gran Mezquita de París y la UOIF notifican una citación al semanario motivada porque "estos tres dibujos implicarían el delito de injurias públicas contra un grupo de personas, en este caso los musulmanes, por causa de su religión, por cuanto la publicación litigiosa se inscribiría en un plan de provocación muy bien organizado para ofender a la comunidad musulmana en sus creencias más profundas, por motivos relacionados a la vez con una clara islamofobia y con consideraciones puramente comerciales".

¿Pero acaso esta representación coincide con los compromisos históricos de *Charlie Hebdo*? El análisis de los 523 números de la década de 2005 a 2015 indica que no. Cerca de dos tercios de esas portadas dan cuenta de la actualidad política, 85 tratan de acontecimientos económicos o sociales y 42 involucran a personalidades del deporte y el espectáculo. La religión, con 38 portadas, representa el 7 % de la actividad satírica de la revista; 21 de estas portadas tratan sobre el cristianismo y 7 sobre el islam, mientras que el judaísmo no es objeto de ninguna portada en solitario, aunque a menudo está asociado a la caricatura de una de las otras dos religiones. En diez años, por lo tanto, solo el 1,3 % de las portadas tuvieron por objeto la religión musulmana.

En cuanto al archivo judicial del semanario, tampoco es que la cuestión religiosa ocupe un lugar relevante. Desde su reaparición en 1992, *Charlie Hebdo* fue condenado en nueve de los cuarenta y ocho juicios de los que fue objeto, una proporción que muestra la prodigalidad francesa en lo que respecta a los juicios a la prensa, tanto en los textos legales como en las decisiones de la justicia. La mayoría de los juicios fueron por razones políticas, debido a afirmaciones consideradas injuriosas, y tuvieron resultados más bien desfavorables para los denunciantes. Los más numerosos, de lejos, son los juicios por injurias iniciados por personajes políticos, celebridades o incluso colegas periodistas, que, según en qué casos, parecen no apreciar "el espíritu Charlie" cuando se aplica a ellos.

Esa primacía del mundo político y mediático corresponde con la irreverencia de los titulares que le están destinados. Si bien no todos terminan llevando a *Charlie Hebdo* ante los tribunales, sí suelen mostrar una ferocidad que no dedican a ningún otro tema, ni siquiera al religioso. La valoración del atrevimiento o la descortesía presentes en esas portadas se deja a criterio de cada cual. Sin embargo, está claro que, en el mismo periodo, las de carácter religioso no difieren de las demás, ni demuestran ninguna intensidad u obstinación en particular.

Por lo tanto, no existe la excepción religiosa, sobre todo islámica, en el trato dispensado por la revista, al menos en la intención de los caricaturistas, sino en la percepción de los que se consideran caricaturizados. Pero si las portadas que tratan asuntos de religión son una minoría, las denuncias presentadas por asociaciones confesionales en nombre de una comunidad y por "ofensa al sentimiento de creencia" van en segundo lugar. No es solo una cuestión de prorrateo, sino que emanan primero (y esto es sorprendente en relación con los prejuicios dominantes) de las franjas militantes del integrismo católico, históricamente asimiladas a la extrema derecha y al Frente Nacional, con quien comparten el gusto por la judicialización moral. Emanan, sobre todo, y esto es otra sorpresa, de una misma oficina activista llamada programáticamente Alianza General contra el Racismo y por el Respeto a la Identidad Francesa y Cristiana (AGRIF), que entre 1993 y 2008 intentó seis juicios contra *Charlie Hebdo*. Es importante dar cuenta con detalle de estas acciones legales a la vista de los resultados que provocaron en materia de apreciación judicial.

El 2 de junio de 1993, el semanario se mofa en su portada de la peregrinación a Chartres realizada por grupúsculos tradicionalistas, que se encontró en competición con la manifestación oficial promovida por el arzobispado de París: "100 km. a pie desgastan a los cabrones"[3], anuncia la leyenda del dibujo, en el cual los caminantes enarbolan pancartas con la esvástica. Después de ser condenado en primera instancia, el 1 de junio de 1995, el semanario fue absuelto por el tribunal de apelación de París porque "los católicos en su conjunto no pueden sentirse interpelados por este artículo que solo describe a un grupo dentro de esa comunidad". El 22 de diciembre de 1993, *Charlie Hebdo* tituló "Ley Falloux[4] – ¡Viva la sotana!" e ilustró su crítica al proyecto de reforma Bayrou[5] sobre la escuela libre con seis caricaturas, una de las cuales mostraba al cantante Michael Jackson rodeado de curas bondadosos y en pleno acto de pedofilia sobre el niño Jesús. La AGRIF demandó a *Charlie*, pero el 16 de abril de 1996 el tribunal de apelación de París desestimó la denuncia.

El 3 de julio de 1996, durante la visita oficial de Juan Pablo II a Francia, en un editorial titulado

---

[3] *100 km à pied, ça use les fumiers*. El sustantivo *fumier* significa estiércol y es utilizado en sentido figurado como hijo de puta, basura, cabrón, porquería, etc. *Charlie Hebdo* parafrasea una canción tradicional infantil que dice: "Un kilomètre à pied, ça use, ça use /un kilomètre à pied, ça use les souliers…" (Un kilómetro a pie, desgasta, desgasta/ un kilómetro a pie, desgasta los zapatos…). (N. del T.)

[4] Ley del 15 de marzo de 1850 mediante la cual se establece un régimen de libertad para la enseñanza primaria y secundaria que, entre otras cosas, permite a las congregaciones católicas abrir establecimientos educativos. La ley lleva el nombre del entonces ministro de Instrucción Pública, Alfred de Falloux. (N. del T.)

[5] François Bayrou, por entonces ministro de Educación. (N. del T.)

"Bienvenido, papa de mierda", en el que además se lo trataba de "parásito", "aprovechado" y "mentiroso", Philippe Val, director de la publicación y de la redacción del semanario, fustiga un "supuesto orden moral [que mantiene a] las conciencias en un subdesarrollo propicio a la aceptación del sometimiento", así como un "antisemitismo solapadamente doctrinal". Entre los diversos carteles que propone el semanario para anunciar la llegada del papa, uno enumera los diversos instrumentos que pueden ser usados para librarse de él, entre ellos una guillotina, un cañón, etc. Basándose en esas representaciones y no en la portada o en el editorial de Val, por primera vez el periódico fue condenado por "incitación a la discriminación contra la comunidad católica"; en este juicio se reconoció a la AGRIF la capacidad de actuar en nombre del papa sin su consentimiento. El 21 de enero de 1998, *Charlie Hebdo* publicó una caricatura que representaba a un cura que, al grito de "¡el cuerpo de Cristo!", le ofrece a un niño una hostia pegada a su sexo en erección. El 6 de enero de 1999, el JPI de París se pronunció a favor del periódico al considerar que "esta representación de la comunión es irreverente e injuriante" pero debe ser situada "dentro del debate actual que han suscitado las numerosas denuncias de actos de pedofilia cometidos por miembros del clero". Y finalmente, el 10 de septiembre de 2008, *Charlie Hebdo* publicó un artículo escrito por Philippe Val que en su conclusión reclamaba "¡que vuelvan a entregar a los cristianos como comida para los leones!". El recurso de la AGRIF fue desestimado en 2010.

¿Eso es todo? Para nada. El periódico satírico también tuvo embrollos judiciales con asociaciones musulmanas, posteriores a las acciones de la AGRIF de las que copiaron el modelo. Es el caso de la Agrupación Democrática Argelina para la Paz y el Progreso[6] y de la Organización Árabe Unida, cuyos nombres pomposos intentan en vano camuflar que se trata, en realidad, de grupúsculos irrelevantes. Ambas organizaciones denunciaron a *Charlie Hebdo* por la portada del 19 de septiembre de 2012, "Intocables 2", que presenta a Mahoma en silla de ruedas y a un rabino que lo empuja mientras grita "¡Nada de burlas!". El semanario fue absuelto. También fue el caso de la Liga de Defensa Judicial de los Musulmanes, que en 2013 acusó a *Charlie Hebdo* ante el Tribunal judicial de Estrasburgo, con la esperanza de que la represión del delito de blasfemia, que se mantiene en los textos concordatarios que rigen aún en Alsacia-Mosela, jugaría en su favor. Pero fue en vano. Por más "judicial" que afirme ser, esta "liga" de escasos integrantes, fundada por el exabogado Karim Achoui con el apoyo de Roland Dumas[7] y de Jacques Vergès[8], no logró llegar siquiera a la etapa de los alegatos.

---

[6] *Rassemblement démocratique algérien pour la paix et le progrès.*

[7] Político y abogado francés perteneciente al Partido Socialista. (N. del T.)

[8] Abogado y escritor franco-argelino (1924-2013). (N. del T.)

Estos recursos no dejan de ser una pista de la carrera ascendente de los códices divinos que persiguen al código civil, la propensión de los fundamentalismos a frecuentar las salas de audiencia prueba la poca resistencia de los creyentes que hacen profesión de fe militante frente al "despotismo legalista" ambiente.

Durante el juicio de 2007, en su condición de abogados de la defensa, Georges Kiejman y Richard Malka presentan varias maneras de apoyar a los testigos que habían llamado a declarar. Según ellos, la portada de *Charlie Hebdo* apunta a los islamistas y en ningún caso a los musulmanes o a la religión musulmana. De hecho, el director de la publicación y de la redacción del periódico, Philippe Val, subraya que el subtítulo "Mahoma desbordado por los integristas" precisamente "desborda" la caricatura, para que el dibujo no pueda difundirse sin este subtítulo. E insiste en el hecho de que ese número especial no tiene otra intención que la de denunciar "la instrumentalización del islam por parte de los terroristas".

Pero la defensa quiere llegar al fondo de la cuestión. ¿Acaso no se trata de una violencia inherente al islam, ya perceptible en sus escritos fundacionales? Llamado al estrado, el profesor universitario iraní Mehdi Mozaffari recuerda que el Corán reserva un lugar importante al carácter guerrero del profeta y glorifica las batallas que ha librado. Las caricaturas que se inclinan hacia este aspecto de la cuestión, que evidentemente no es lo único que hay que retener, no son, pues, gratuitas. Otro testigo, el periodista Mohamed Sifaoui precisa que la asociación entre violencia y Corán es, sin lugar a duda, un hecho contemporáneo que se desprende en lo esencial del integrismo, pero que tiene también un valor normativo, tal y como se observa en la bandera de Arabia Saudí, entre otras, que muestra juntos filo de sable y confesión de fe.

El último punto fundamental, casi doctrinario, es que defender el derecho de publicar caricaturas no significa que se apruebe su contenido. Un ejemplo de esta posición es el testimonio de François Bayrou: "Soy creyente, tengo estima por las religiones y si hubiera sido director de uno de esos periódicos no habría publicado [esas caricaturas]. Pero, por encima de eso, hay un pilar central de nuestras sociedades que es la libertad de expresión". Condenar una ideología no tiene nada que ver con el hecho de condenar a una persona. Durante todo el proceso judicial, Philippe Val afirmará que "esas caricaturas apuntan a ideas, no estigmatizan a hombres". Algo que retomará François Bayrou: "La ley establece una diferencia muy clara entre la crítica a las personas y la crítica a los pensamientos".

El JPI de París emite su veredicto el 22 de marzo de 2007. *Charlie Hebdo* es absuelto. Después de un juicio amplificado, esta victoria jurídica se percibe como una victoria política: la libertad de expresión y el espíritu democrático han vencido a las tentaciones y los extravíos comunitaristas, aplastándolos. La realidad es un poco diferente. En su decisión, antes incluso de mencionar las caricaturas, el tribunal recuerda que "el ejercicio de [la libertad de expresión], en los términos mismos del artículo 10 de la Convención Europea para la Salvaguarda de los Derechos del Hombre, presume deberes y responsabilidades y puede ser sometido a ciertas […] restricciones o sanciones […]; que el derecho a un goce pacífico de la libertad de religión es igualmente reconocido por los textos supranacionales". Luego, el tribunal considera que "en Francia, sociedad laica y pluralista, el respeto de todas las creencias va de la mano de la libertad de criticar a las religiones, sean cuales sean, y con la de representar sujetos u objetos de veneración religiosa; que la blasfemia, que es un ultraje a la divinidad o a la religión, no está reprimida, a diferencia de la injuria, que constituye un ataque personal y directo contra una persona o un grupo de personas en razón de su pertenencia religiosa". El veredicto admite más adelante que "se pueden imponer restricciones a la libertad de expresión si esta se manifiesta de modo gratuitamente ofensivo para otros sin contribuir a ninguna forma de debate público capaz de promover avances en los asuntos del género humano". Este último señalamiento es esencial, pese a que su aplicación puede resultar complicada. El tribunal intenta hacerlo distinguiendo el alcance de cada caricatura.

En efecto, el veredicto descarta rápidamente y sin ningún género de duda las acusaciones contra el dibujo de Cabu que aparece en la portada y el dibujo que menciona la escasez de vírgenes, considerando que no hay ambigüedad posible y que ambas caricaturas apuntan a los terroristas y no a los musulmanes. Respecto del dibujo que representa a Mahoma con una bomba en el turbante, el tribunal es más reservado y considera que "por su alcance, este dibujo resulta, en sí mismo y tomado de forma aislada, capaz de ultrajar al conjunto de los adeptos a esa fe y de herirlos en su autoestima debido a su obediencia religiosa, al asimilarlos –sin distinciones ni matices– con seguidores de una enseñanza de la [violencia]". Sin embargo, concluye que "a la vista de la ley penal, ese dibujo no puede valorarse independientemente del contexto de su publicación", indicando que *Charlie Hebdo* quiso ante todo realizar un acto de solidaridad y apoyo a los periodistas que fueron objeto de amenazas o intimidaciones por haber publicado esas caricaturas. Es por lo tanto el contexto lo que exculpa a *Charlie Hebdo* con respecto a esta última caricatura, según el tribunal.

Si bien la decisión en su conjunto está en sintonía con las decisiones anteriores del JPI de París, el juez subraya que esa imagen, en sí misma y tal como está presentada, expresa la hipótesis de una asimilación del sujeto representado con los sujetos que lo representan. Al sugerir que el Profeta profesa la violencia, el dibujo insinúa que los musulmanes están a favor de esa violencia y son susceptibles de pasar al acto. La ambivalencia de semejante afirmación resulta perceptible de inmediato. Esta parte del veredicto reabre una herida que se había logrado cerrar con dificultad: "Lo que yo entiendo es que el tribunal afirmó claramente que esta clase de caricaturas puede ser condenada y que, en otro contexto, lo sería", se felicitó el letrado Szpiner, representante de los denunciantes. Como consecuencia, la Gran Mezquita de París, satisfecha por los avances obtenidos, no apela. Solo la UOIF y la LIM apelan la decisión del tribunal. Se utilizan los mismos argumentos y el tribunal de apelación confirma la absolución, esta vez sin reserva alguna.

Pero, en su innegable valentía, ¿acaso los mismos Richard Malka y George Kiejman podían sospechar al presentar sus alegatos que, menos de diez años después, un puñado de disparos de *kaláshnikov* emborronarían los dibujos, creando así una extraña igualdad, asesina y terrorista, entre balas y caricaturas? Su apología de entonces, que alertaba sobre la máquina mortífera que tales acciones judiciales ponen en marcha, reviste de este modo un valor profético mucho mayor.

El miércoles 7 de enero de 2015, a las 11.20 horas, Sherif y Said Kuachi, encapuchados y armados con *kaláchnikovs* y fusiles de percusión, irrumpieron en el número 10 de la calle Nicolas-Appert, en el distrito XI de París. Desde el vestíbulo dispararon contra los dos empleados de mantenimiento matando a uno de ellos, Frédéric Boisseau. En cuanto entraron en las oficinas de *Charlie Hebdo*, los sicarios abrieron fuego e hirieron gravemente a Simon Fieschi, *webmaster* del periódico. Luego, irrumpieron en la segunda sala y abatieron, disparo tras disparo, a Stéphane Charbonnier, conocido como Charb, al policía Franck Brinsolaro, a los dibujantes Cabu, Tignous, Honoré y Wolinski, al economista Bernard Maris, a la psicoanalista Elsa Cayat, al fotógrafo Michel Renaud, al corrector Mustapha Ourrad y dieron por muertos a Riss y al crítico Philippe Lançon. Al huir, ejecutaron en el bulevar Richard-Lenoir al policía Ahmed Merabet. A la mañana siguiente, el 8 de enero, fue el turno de Clarissa Jean-Phillipe, becaria de la policía municipal, abatida en Montrouge por Amedy Coulibaly, que el día 9 tomó asaltó el *Hyper Cacher* de Vincennes y mató a Yohan Cohen, Yoav Hattab, Philippe Braham y François-Michel Saada.

La masacre se llevó a cabo al grito de "¡Allahu Akbar! ¡Estáis pagando por haber insultado al Profeta!". La barbarie despertó una ola unánime de indignación nacional e internacional. El 11 de enero, París volvió, por un momento, a ser el centro del mundo bajo el lema "Je suis Charlie"[9]. Daba la impresión entonces de que en los albores del siglo

---

[9] Yo soy Charlie. (N. del T.)

xxi la patria de los derechos humanos, fiel a sí misma, había sabido reinventarse a los ojos del resto del planeta; que, a la hora de la globalización, la humanidad consciente se había levantado de forma unánime para denunciar una masacre cometida en nombre de un Dios usurpado; que, en los inicios del tercer milenio, los blasfemadores que antaño eran martirizados en la plaza pública se habían convertido en mártires de la libertad. Que, de golpe, el universo entero se veía obligado a reconocer definitivamente la libertad de expresión como uno de sus valores fundamentales.

Pero estas afirmaciones pueden interpretarse como otras tantas negaciones. El frente común es ilusorio y la tendencia no tarda en darse la vuelta. En otros lugares, la prudencia suele servir para enmascarar la cobardía, de la misma manera que el respeto de las diferencias oculta la resignación ante las imposiciones.

Los alegatos que siguen, por lo tanto, no son simples piezas extraídas de un archivo clasificado ni documentos para servir al conocimiento de la historia, sino que representan un manifiesto vivo y perenne de las libertades, más indispensable que nunca. Quizás sea utópico pensar que un día la humanidad podrá acabar con la pasión represiva que la blasfemia pone en evidencia, pero agradezcamos a Richard Malka y Georges Kiejman por mostrarnos que siempre es justo rebelarse contra la prohibición del pensamiento y de la palabra, ya sean reverentes o irreverentes. En ello nos jugamos, de hecho, la esencia de la libertad.

Anastasia Colosimo

Cronología
de los acontecimientos
establecida por Richard Malka

2 de noviembre del 2004: asesinato de Theo van Gogh.

17 de septiembre del 2005: entrevista de Kåre Bluitgen en el periódico de izquierda danés *Politiken,* titulada "Miedo profundo de la crítica al islam". En ella, se denuncia la autocensura reinante en Dinamarca desde el asesinato de Theo van Gogh.

Septiembre del 2005: Flemming Rose, del *Jyllands-Posten,* contacta con el sindicato de caricaturistas daneses de este modo: "Si tuvieran que representar al profeta, ¿lo dibujarían?".

30 de septiembre del 2005: el *Jyllands-Posten* publica la respuesta: doce caricaturas recibidas.

14 de octubre del 2005 (mes del Ramadán): el diario egipcio *Al-Fagr* publica seis de las caricaturas del *Jyllands-Posten*. Ninguna reacción por parte de las autoridades religiosas ni gubernamentales.

7 y 8 de diciembre del 2005: inscripción de la cuestión de las caricaturas en el orden del día de la cumbre de la Organización de la Conferencia Islámica (OCI) en La Meca.

31 de diciembre del 2005: alerta de bomba en el *Jyllands-Posten*.

18 de enero del 2006: denuncia de la publicación de las caricaturas por parte de la OCI.

26 de enero del 2006: el embajador saudí, el kuwaití y el iraní en Copenhague son llamados a consulta por sus respectivos países. La Liga Árabe y la OCI anuncian que se disponen a solicitar de la Organización de las Naciones Unidas (ONU) una resolución que prohíba los ataques a las religiones.

1 de febrero del 2006: publicación de las caricaturas en el diario *France-Soir,* seguida del despido de su director. Manifestaciones importantes en numerosos países musulmanes.

5 de febrero del 2006: asesinato de Andrea Santoro, sacerdote italiano en Turquía, en respuesta a la publicación de las caricaturas. Ataques a embajadas occidentales en Irán, Siria y Líbano.

7 de febrero del 2006: reiteradas demandas para que se prohíba la publicación de *Charlie Hebdo.* Todas ellas desestimadas.

8 de febrero del 2006: publicación de las caricaturas en *Charlie Hebdo.*

18 de julio del 2006: demanda directa a *Charlie Hebdo* por iniciativa de la Sociedad de Habous (mezquita de París).

3 de agosto del 2006: demanda directa a *Charlie Hebdo* por parte de la Unión de las Organizaciones Islámicas de Francia (UOIF).

22 de septiembre del 2006: presentación voluntaria de la Liga Islámica Mundial sumándose a las persecuciones.

7 y 8 de febrero del 2007: juicio contra la publicación de las caricaturas ante la sala 17 del Tribunal de Primera Instancia de París.

22 de marzo del 2007: el Tribunal de Primera Instancia absuelve a *Charlie Hebdo.*

23 de enero del 2008: absolución confirmada por la sala 11 del Tribunal de Apelación de París.

12 de noviembre del 2008: el Tribunal Supremo rechaza el recurso de la Liga Musulmana Mundial.

2 de noviembre del 2011: incendio intencional de los locales de *Charlie Hebdo.*

7 de enero del 2015: atentado contra *Charlie Hebdo.* Doce muertos, cuatro heridos graves.

22 de septiembre del 2020: apertura del juicio por los atentados a *Charlie Hebdo* y al Hyper Cacher ante el Tribunal Penal Especial de París.

31 de octubre del 2020: suspensión del juicio, porque tres de los acusados dan positivo por COVID.

2 de diciembre del 2020: reanudación del juicio tras un mes de interrupción.

4 de diciembre del 2020: alegato en favor de *Charlie Hebdo.*

16 de diciembre del 2020: se pronuncia el veredicto. Las catorce personas acusadas, tres de ellas ausentes, son condenadas a penas que van de los cuatro años de prisión a cadena perpetua. Dos de ellas apelan la sentencia.

Alegato del letrado
Richard Malka

Señor presidente, mi compañero letrado George Kiejman se ocupará de lo esencial, es decir, del derecho, yo me encargaré del contexto y un poco del historial de este juicio.

Señor presidente, señora, señor letrado, señora Procuradora, me gustaría comenzar con una historia, una historia que nos cuenta Fethi Benslama, profesor de psicopatología de la Universidad de París VII y musulmán, ni más ni menos que las partes civiles que nos demandan en el día de hoy.

El señor Benslama nos cuenta esto: "Hace algún tiempo, el día de la fiesta del sacrificio, el caricaturista argelino Dilem representó a un cordero huyendo a toda velocidad, perseguido por un hombre que blande un cuchillo, y en el bocadillo el cordero dice: "¿pero por qué me quieres degollar, si no soy ni una mujer ni un intelectual?"".

Y el señor Benslama comenta esta historia así: "Damas y caballeros, queridos amigos, vean a este cordero blasfemo. No solo quiere escapar del lugar que le asigna Dios en sus Sagradas Escrituras cuando quiso que reemplazara al hijo del profeta Abraham, sino que además habla, y al hacerlo desdibuja las fronteras de la creación divina entre el hombre y el animal. La bestia habla y hace chistes con los asuntos religiosos. Es innoble.

"Y hay algo más grave aún: al correr más rápido que el hombre que lo quiere acuchillar, ridiculiza a ese apacible musulmán sacrificador y humilla al conjunto de la comunidad musulmana, si no a la totalidad de los miles de millones de musulmanes vivos y muertos. ¿Pero lo peor de todo no será que ese cordero que corre despavorido delante de un musulmán que se lo quiere comer es, sin lugar a duda, islamófobo?"

Y prosigue: "Ese cordero insumiso podría ver cómo un imán espontáneo se levanta y le clava una *fatwa*. Veríamos entonces al MDORPP (Movimiento para Devolver a los Ovinos al Redil de los Predicadores Paranoicos) presentando una demanda por difamación al sacrificador, mientras la República, a través de sus voces más cualificadas, presentaría sus disculpas a todos los practicantes moderados del asado de cordero, mostrándoles su más profundo respeto."

Y así queda resumido en una fábula, en una caricatura, todo el absurdo de las demandas que, a ustedes, señores y señoras del tribunal, les presentan. Así queda resumido en una fábula, en una caricatura, el problema social que se les plantea. Y Fethi Benslama continúa luego con un tono más serio:

"Hace ya años que la tonsura espiritual proporciona armas a la censura asesina. Porque la censura en nombre de lo espiritual mata, sacrifica, asa en el fuego del infierno y devora a los insumisos para someterlos a la religión de la sumisión".

Quien habla así no es *Charlie Hebdo*, ni un islamófobo ni un racista, es un musulmán y a todas luces un musulmán al que la parte civil en este juicio no representa.

Y el señor Benslama nos recuerda que la blasfemia fue el acto de acusación contra todos esos pensadores, contra todos esos intelectuales del islam, contra todos esos intelectuales y escritores que fueron asesinados por ofender la fe de algunos, por atacar los sentimientos religiosos.

Naguib Mafuz, premio Nobel de Literatura, de 83 años, acuchillado en la garganta en El Cairo; junio de 1992, el escritor Farag Foda asesinado porque defendía la separación de la religión y el Estado; Sadiq Melallah, poeta decapitado con un sable por las autoridades de

Arabia Saudí por un crimen de blasfemia. Estos y otros fueron asesinados porque atentaron contra la fe.

Esto es lo que hoy se nos reprocha.

La indignación de Benslama la comparten innumerables musulmanes del mundo entero, innumerables poetas, novelistas, intelectuales y ciudadanos musulmanes. En *Charlie Hebdo* recibimos miles de cartas de musulmanes que nos dicen: estamos con ustedes, ustedes nos representan, ustedes representan algo por lo que también queremos luchar, estamos de su lado.

Aunque ustedes me dirán que en el otro lado están las instituciones religiosas, que representan mejor la religión que esos musulmanes corrientes. Siento mucho respeto por el rector de la Mezquita Boubakeur; hay que reconocer que sostuvo luchas valientes, hay que reconocer que es un hombre moderado, hay que reconocer que lo necesitamos. Por eso nos apena verlo hoy en el banco de los querellantes, al lado de la UOIF y de la LIM.

Pero, a pesar de todo el respeto que me merece, no es un escarnio decir que no es una autoridad teológica del mundo musulmán. Es médico, no teólogo. Las partes civiles no pueden decir que representan a todos los musulmanes porque no representan a los 1.300 millones de musulmanes del mundo.

Mohamed Talby[10], que es toda una institución en el mundo árabe, reconoce a los caricaturistas el derecho a burlarse del Profeta, el derecho a decir y escribir que el islam es "la religión más estúpida del mundo[11]":

"La religión, sea cual sea, no debe ser una imposición. Quiero tranquilizar a la gente, quiero hacerlo en nombre del Corán. La fe es una elección. No voy a parar de decir que el islam nos da libertad, incluso la de insultar a Dios."

No veo por qué los musulmanes tendrían que ser los únicos ciudadanos en el mundo incapaces de reírse de sí mismos. Pueden decir: nuestro Dios es cuestionado y eso nos ofende. Se les reconoce esa legitimidad de la ofensa y, por supuesto, que esa ofensa es legítima. ¿Acaso vamos a intentar impedir todo lo que nos ofende, siendo la ofensa una noción subjetiva? Ya no quedaría nada por debatir, no quedaría nada de la libertad de expresión. Desde luego que esas cosas son ofensivas, pero de ahí a querer prohibirlas… yo no quiero prohibir todo lo que me ofende.

---

[10] Historiador tunecino fallecido el 1 de mayo de 2017, abrió la vía a un "islam ilustrado, libre se la saria. (N. del T.)

[11] Referencia al juicio que enfrentó al escritor francés Michel Houellebecq y a cuatro asociaciones musulmanas que lo denunciaron por injuriar a un grupo de personas debido a su religión. La 17ª cámara del JPI de París absolvió al escritor en octubre de 2002.

Me he despertado esta mañana escuchando a mi colega Szpiner decir en la radio que iba a ganar este juicio. Eso me ha ofendido. No quiero prohibir a mi colega Szpiner, no pido su exclusión.

Evidentemente, el señor Talby tiene razón. Los grandes pensadores de la historia, del islam, del cristianismo y del judaísmo nos enseñaron lo necesario que es el espíritu crítico. Santo Tomás de Aquino nos enseñó que aquello que distingue a un hombre de un animal es la razón, la razón que Dios nos dio, la razón que hace que estemos hechos a imagen y semejanza de Dios. Esa razón que debemos ejercer, por lo tanto, incluso en contra de los textos bíblicos, incluso en contra de Dios. De hecho, esto es lo que impide caer en la credulidad y la idolatría. Se quiere eliminar de un manotazo a esos grandes pensadores del islam que nos trajeron a Aristóteles, que afirmaron que había que conservar por encima de todo una libertad crítica, incluso radical, contra la religión, incluso contra Dios, incluso contra el Profeta. Y es eso lo que se quiere hoy aniquilar de un manotazo, incluso el lugar singularísimo que ocupa el islam en Francia.

Francia es el país que tiene la comunidad musulmana, la comunidad judía y la comunidad budista más grandes de Europa. ¿Cuál es la mejor garantía para todas esas comunidades? El pacto republicano, el laicismo, eso es lo que hace que estas religiones se encuentren en pie de igualdad. La Mezquita de París

–mi colega ha hecho bien en subrayarlo– está en el corazón mismo de la ciudad. No hay otro país de Europa en el que haya una mezquita en el corazón de la ciudad. Y suele considerarse que desde la Tercera República se quiso que el islam estuviera en el corazón de ese pacto republicano.

Si ustedes piden que haya algo así como una especie reserva particular con respecto del islam, si piden que ya no se pueda criticar al islam, a diferencia de las demás religiones, si piden que ya no se pueda criticar al Profeta como uno quiera, incluso de forma violenta, tal y como se caricaturiza a Jesús, de modo aún peor, entonces ustedes saldrán del corazón de la ciudad. Protegerán a Dios, pero provocarán rechazo; se protegerán contra la blasfemia –porque de eso es de lo que se trata–, pero crearán incomprensión. La incomprensión crea resentimiento, el resentimiento crea miedo y el miedo crea rechazo. Ustedes están jugando con fuego.

Habría que barrer todo esto de un plumazo. ¿Por qué? Porque somos racistas, islamófobos, malintencionados, pues lo que quisimos hacer, en el marco de una operación muy bien pensada, según nos han dicho, es ganar dinero. Esto es lo que nos dicen desde hace un año. Es la primera pregunta que le hizo al señor Val uno de mis colegas que, manifiestamente, rumiaba esa pregunta desde hacía un año.

Es evidente que esta queja es indigna de la calidad de las audiencias, es extremadamente mezquina. Debo decir que esperaba encontrarla en los escritos de la UOIF y de la LIM, pero no de la Mezquita de París; eso me ha consternado y es el único reproche que haré porque nadie niega el derecho a este juicio. Es un falso debate. Ustedes se dirigen a un tribunal de forma perfectamente legítima para reclamar un derecho. Nadie se lo discute, celebro su proceder, pero este argumento aparece entre sus citaciones y es lo que les reprocho.

¿Y por qué este argumento? Es un elemento interesante. Porque ustedes no admiten que el otro pueda estar movido por una convicción sincera, no admiten que su oponente, que su adversario, pueda ser un contradictor honesto y no necesariamente un enemigo con quien ningún debate es posible. Por lo tanto, no necesitan cuestionarse nada porque el otro está movido por intenciones mercantiles o malvadas y porque le niegan el derecho a tener convicciones. Es una retórica, es una semántica utilizada sistemáticamente y que está en el meollo de este juicio.

¿Por qué no es sincero el señor Sifaoui[12]? Le acusan de ser un agente de los servicios secretos argelinos. Desde hace cuatro años le dicen eso cuando ni siquiera puede regresar a Argelia. Escribió cuatrocientos

---

[12] Mohamed Sifaoui, periodista musulmán laico y demócrata. (N. del T.)

artículos contra el gobierno argelino, pero no hablan con él, lo desacreditan inmediatamente.

A *Charlie Hebdo* solo le interesa el dinero. ¿Y el *Jyllands-Posten*? El argumento que circuló en el mundo árabe cuando se preguntó por qué publicaron esas caricaturas era que ese diario está integrado únicamente por judíos resentidos contra el islam.

Siempre es así, la negación del otro, la afirmación de que no se puede discutir con él porque tiene mala fe, mientras que nosotros solo pedimos dialogar, solo buscamos desdramatizar. Si nos quitan la risa para enfrentarnos a lo que nos da miedo, frente al terror, ¿qué nos dejaréis para desdramatizar, para defendernos de esos actos de terror? Después de todo, es una realidad que está ahí y hay que hablar de ella. Nos prohíben asociar islam y terrorismo, y esa prohibición se lee claramente en las citaciones de este juicio.

¿Cómo hacemos entonces para hablar de la actualidad? ¿Cómo podríamos hacerlo? Obviamente, los que asesinan son una ínfima minoría que actúa en nombre del islam, pero, cuando degüellan a alguien, los versículos del Corán están detrás. No podemos abstraernos de la realidad porque, si lo hacemos, estaríamos negándola.

Nos reprochan el término integrista. En este caso la cita también da escalofríos. Nos dicen que "el integrismo es un grado de intensidad de la fe". El rector Boubakeur escribió lo que sigue: "...no es más que un grado más o menos elevado del respeto a los mandamientos".

Sobre la portada, nos dicen: ustedes usaron la palabra integrista, deberían haber usado otras palabras: "fanatismo, terrorismo". Nos dicen –y es el argumento que va después– que en el contexto de esta época la palabra integrismo remitía a todos los musulmanes que se sintieron afectados. Pero entonces, si hubiéramos usado las palabras "fanatismo" o "terrorismo", ¿acaso no habríamos calificado de fanáticos y terroristas a todos los musulmanes que se sintieron afectados? Así que no podíamos decir nada, ya no podíamos comentar las manifestaciones que tuvieron lugar. Los argumentos de la parte civil se entrechocan. Aun así, lo del término integrista resulta sorprendente.

¡Si leemos al rector Boubakeur, comprobamos que en 2002 publicó un libro cuyo título es *L'islam n'est pas l'intégrisme*[13], es decir, que Boubakeur denunciaba entonces el integrismo! ¡Y hoy nos reprochan haber utilizado una palabra que él considera racista, cuando figura en el título de una obra suya! ¿Boubakeur con un pasado islamófobo? Ni me atrevo a imaginarlo...

---

[13] *El islam no es el integrismo.* (N. del T.)

Siguiendo con este análisis, y en lo que respecta a la portada, este juicio es completamente aberrante. Esa portada muestra simpatía hacia un Mahoma que reprueba a todos los extremistas musulmanes. Entonces, ¿cuál es el motivo real del juicio por esa portada? Es poder decir: *Charlie Hebdo* se ha retratado a sí mismo. Porque en cuanto a los dibujos de las páginas interiores, nunca nadie obligó a nadie a comprar *Charlie Hebdo*, todo el mundo conoce este periódico satírico, de caricaturas, no caricaturesco. Un musulmán susceptible e integrista tendría que ser también un redomado masoquista para ir a comprar *Charlie Hebdo* y comprobar que adentro hay caricaturas que le duelen.

Sería alucinante que no permitieran a *Charlie Hebdo* publicar caricaturas. *France-Soir* publicó esas caricaturas antes que nosotros y no fue denunciado. El 5 de febrero, después de *France-Soir, Le Monde* difundió la caricatura sobre los kamikazes de modo mucho más visible que nosotros. ¿Fueron denunciados? No. *L'Express* publicó todas las caricaturas, Denis Jeambar[14] lo ha dicho aquí mismo. ¿Fueron denunciados? No. Lo mismo pasa con *Le Nouvel Observateur*. ¿Fueron denunciados? No. *TF1* y *France 2* difundieron las caricaturas. ¿Fueron denunciados? No.

---

[14] Director de *L'Express*. (N. del T.)

¿Por qué motivo denuncian a *Charlie Hebdo*? Quizás pensaron que no éramos una institución y que podrían asesinarnos en un rincón del bosque sin que nadie reaccionara. Error. Ayer *Libération* habló mucho de esto y publicó las doce caricaturas. Quizás deban denunciar a *Libération* pronto… El tamaño de sus caricaturas es mucho mayor que los dibujos que publicamos nosotros.

Hablando del tamaño de nuestras caricaturas, lo que admiro de mi colega Szpiner, además de su gran talento, es su fotocopiadora, que le permitió agrandar al menos cien veces el tamaño real de las caricaturas publicadas en *Charlie Hebdo*, lo cual le permite exhibirlas en todas partes.

Pasamos al tema de la blasfemia y la fe. En las citaciones que nos enviaron no se emplea el término blasfemia, sino que se utilizan, treinta y una veces en ocho páginas, las palabras fe, religión y creencia, ¿y el tema no es la blasfemia? ¿Qué está en juego en este juicio? La blasfemia seguro que no, mi colega Szpiner no hace más que repetirlo desde hace una semana larga en casi todas partes.

Pero debería haber hablado con sus clientes para ponerse de acuerdo con ellos. Veamos qué dice el letrado Hafiz, número dos de la Mezquita de París y letrado que redactó la demanda:

"Queremos que la religión musulmana sea protegida por los tribunales como las otras religiones, ni más ni menos".

¿Habla de musulmanes? No. Habla de religión.

¿Qué dice el rector Boubakeur? Quiere que se castigue un "ataque a lo sagrado". Solo eso, no habla de musulmanes, sino de lo sagrado.

Hay límites a la libertad de expresión. Aquí nadie defiende la libertad de expresión absoluta. ¿Cuál es el límite? No tiene nada que ver con la religión o con lo sagrado. El único límite es no incitar al odio, injuriar o difamar a personas por su religión.

¿Pero de qué nos hablan aquí? De lo sagrado, de la religión y de los "objetos de veneración".

La denuncia de la UOIF pide castigar "los ataques a objetos de veneración cultural". Siento como si me hubieran transportado de pronto al Vaticano, ante un tribunal eclesiástico; voy a reconvertirme y empezar a dedicarme al derecho canónico. ¿Cómo se le puede pedir a un tribunal republicano que instaure una protección para lo sagrado, lo religioso y los objetos de veneración cultural? La palabra comunidad no se utiliza nunca. Es evidente que *Charlie* no apunta a los musulmanes, sino a las religiones, y ahí la crítica es libre.

¿Qué querría decir esto? Querría decir que nunca más —de hecho, está escrito con todas las letras— podríamos hacer una caricatura de Mahoma, ni una caricatura de Dios porque, presten atención, a través de una caricatura de Mahoma y de la religión, todos y cada uno de los musulmanes se ven señalados. Ustedes son el señor Jourdain[15] de la blasfemia, piden que se restablezca su prohibición sin que nos demos cuenta. La prohibición de la crítica a la religión es la definición misma de blasfemia.

Y luego está también esta última frase; quisiera detenerme un poco en los términos que utilizan en sus citas. Esta última frase resulta vertiginosa:

"En particular, la sátira no autoriza actos de racismo deliberados, ya sea contra los musulmanes o contra cualquier otro grupo de personas por causa de su raza o su religión. La asociación demandante no pretende reivindicar ningún régimen derogatorio o de favor".

Hablemos de esto. Hubo una caricatura del dibujante Riss en *Charlie Hebdo* en la que se ve a un personaje defecando en una pila de agua bendita y orinando en una iglesia católica. ¿De verdad quieren un tratamiento igualitario? Durante diez años he litigado contra

---

[15] Personaje de la comedia ballet *El burgués gentilhombre*, de Molière, acerca de un burgués que adopta los modales de los nobles para ser aceptado por la corte. (N. del T.)

la AGRIF entre las cuatro paredes de esta Audiencia. La fe cristiana, sin embargo, sigue gozando de buena salud. Argumenté entonces que se estaban utilizando estas mismas palabras, estos mismos términos: ofensa a la fe, ofensa a los sentimientos religiosos. Cinco años después, esos mismos términos se siguen empleando, pero en esta ocasión ya no me reprochan ser racista, anticristiano, me reprochan ser islamófobo. Es más bien saludable para *Charlie Hebdo* que todas las religiones, por igual, lo acusen de no tratarlas bien.

Esta página de Riss fue juzgada por decisión de la Audiencia de Versalles. ¿Y qué decidió esa audiencia en 1998?

"Considerando que un lector normalmente informado no puede llevarse a engaño con respecto al sentido del dibujo y la leyenda en litigio; considerando que, a pesar de dicha leyenda, el dibujo no es una incitación a la profanación ni una incitación a la discriminación, a la violencia o al odio contra los cristianos en general, sino una protesta contra la intolerancia y una denuncia de los métodos de aquellos que actúan contra las convicciones de algunos de sus conciudadanos, en contra de la ley y pretenden que sus propias convicciones son superiores a las de los demás, a las que deben imponerse [...]".

Podríamos transcribir esas mismas palabras, es exactamente lo mismo que les he dicho yo, los mismos argumentos que les propongo sobre las caricaturas de las que estamos hablando hoy.

Tribunal Supremo, 25 de abril de 2001: ¿reclaman ustedes un trato igualitario? El Tribunal Supremo denegó un recurso de la AGRIF contra una sentencia del tribunal de apelación de París sobre un editorial de Philippe Val, en el que daba la bienvenida a Francia al papa en estos términos: "¡Bienvenido, papa de mierda!". ¿Y se atreven a decirnos que no hay un trato igualitario en la forma en la que tratamos a las religiones?

Tribunal de apelación de París, 1° de junio de 1995: *Charlie Hebdo* es denunciado por haber calificado de "desfile nazi" a la "peregrinación integrista Chartres/ París".

"La religión católica no es cuestionada como tal en el texto, que apuntaba a un grupo de personas calificadas a veces como integristas".

¿Cómo vamos a explicar al 90 por ciento de los ciudadanos de este país que no son musulmanes que exista una jurisprudencia para los cristianos y otra para los musulmanes? No puede ser.

Decisión del JPI de París del 1 de febrero de 1995: se trata de juzgar un dibujo con la leyenda "han robado los créditos para el mobiliario escolar", en el que se ve a un personaje con pasamontañas y una cruz pintada sobre él, mientras realiza una castración con unas tenazas. El segundo dibujo representa dos pies aplastando la cabeza del niño Jesús. El tercero representa a dos clérigos armados con espadas y lanzas destripando a dos niños. El cuarto, "quieren dinero, démosles plomo", representa una mano armada con un revólver disparando a quemarropa al niño Jesús, etc. ¿Ustedes nos dicen que no reclaman un trato especial? Todos estos dibujos fueron absueltos, todos sin excepción.

El tribunal constató que "la representación de los símbolos de la religión cristiana que contienen estos dibujos, por más feroz, hiriente y provocadora que sea, revela un carácter de pura fantasía que excluye toda pretensión de seriedad y credibilidad, y un exceso que la priva de cualquier tipo de repercusión. Por lo tanto, las quejas de injurias y provocación no están fundadas".

¿Igualdad de trato para todas las religiones? Hace algún tiempo murió el papa Juan Pablo II y nosotros hicimos un número especial. Eso demuestra que ante cada acontecimiento religioso importante hacemos un número especial. No es algo reservado únicamente a los musulmanes. Se titulaba: "Popeye estira la pata". ¿Quieren un trato igualitario? No nos lo pidan mucho, se lo podríamos conceder.

31 de diciembre de 2003: una serie de ilustraciones, algunas más fuertes que otras, para ilustrar el discurso

del papa sobre la sexualidad. 14 de enero de 2004: continuación de la serie "Cogorzas sagradas"[16]. 3 de marzo de 2004: caricatura de Jesús en la cruz, etc. Una portada: "El Papa está mejor, ha canonizado a dos yogures". ¿De verdad quieren un trato igualitario? Francamente, ¿cómo pueden sostener eso? Lo que les puedo decir es que, incluso en *Charlie Hebdo*, no nos atreveríamos a hacer ni una décima parte de esto referido al profeta Mahoma. Nadie en este país se atrevería a hacer la décima parte de esto con respecto al profeta Mahoma.

Vienen aquí a reprocharnos una doble vara de medir, vienen aquí a acusarnos de alimentar la humillación secular a los musulmanes. Es completamente falso. En mi expediente hay un editorial de 2005 cuyo título es: "Acuso al cristianismo de ser la más bárbara de las religiones". No recibimos ni medio mail de queja, porque los cristianos pensaron: es *Charlie Hebdo*. Llevamos haciendo lo mismo desde hace quince años.

Charlie Hebdo no tendría razón de ser si no hubiera publicado estas caricaturas. No habríamos podido mirarnos al espejo. Nos habrían dicho: os metéis solo con lo fácil. En cosas de cristianos o judíos no corréis ningún riesgo; pero cuando se trata de musulmanes,

---

[16] El título invierte la expresión "sacrée cuite", que en lenguaje vulgar significa una gran borrachera. Pero la expresión utilizada por *Charlie Hebdo* juega además con el doble sentido del adjetivo "cuit/e", que además de cocido/a puede emplearse en sentido erótico para designar a una persona que ya está madura para una relación sexual. (N. del T.)

miráis hacia otro lado. Estaríamos confrontados a una gran contradicción. Pero ustedes me dirán: se puede ser racista, anticristiano e islamófobo. El problema es que nosotros también hablamos del Dalai Lama. ¿Seremos acaso *budáfobos*? Hablamos de los sijs. ¿Seremos también *sijfobos*? De los Lubavitch… En general, las tres religiones están ligadas.

Miren, en esta caricatura está Monseñor Lustiger[17] con aspecto malvado, un rabino con aspecto aún más malvado y un imán con aspecto más malvado todavía. ¿Hay que borrar al imán? No tiene sentido. Ustedes piden un trato especial y es lo peor que les puede pasar a los musulmanes, que no piden y que no pidieron que se hable en su nombre. Se habla de la ofensa contra esos musulmanes, pero no han sido capaces de traer como testigo ni a uno solo que nos explique en qué consistió esa ofensa. Nosotros, por el contrario, recibimos –cartas que se publican en *Charlie Hebdo*– miles de testimonios de musulmanes que nos escriben: estamos con ustedes.

Todo esto tiene un sentido: la lucha de *Charlie Hebdo* a favor del laicismo desde siempre. Señores magistrados, en mi dossier pueden ver decenas de artículos sobre la defensa del laicismo. Pueden ver en *Charlie Hebdo* desde hace mucho tiempo denuncias

---

[17] Jean Marie Lustiguer, cardenal católico, obispo de París entre 1981 y 2005. (N. del T.)

de islamistas. No nos hemos despertado por las buenas esta mañana con estas caricaturas de Mahoma al lado. Lo que hoy se les está pidiendo a ustedes es la más formidable de las restricciones a la libertad de expresión que se haya pedido jamás a un tribunal, no solo por la blasfemia, la religión, las caricaturas y el humor, sino también porque el en el mundo hablaba de estas caricaturas, el mundo entero se encontraba a sangre y fuego, oíamos comentarios sobre el asunto mañana, tarde y noche.

¿Y por qué el pueblo llano no habría tenido derecho a verlas? ¿Quién puede decidir sobre eso? El señor Gaiffe[18] –a quien por otra parte doy las gracias– nos brindó un argumento en el que yo no había caído. Nos dijo: hubo muertos en la cárcel porque no vimos estas caricaturas. Ilustró mejor que nadie que la información era esencial. Cuando no se ve, se deja lugar a todos los fantasmas.

Publicamos estas caricaturas tomando distancia. La identidad del periódico es su portada, esa es la línea editorial. Las caricaturas fueron publicadas por solidaridad con el diario danés, con Lefranc[19], que acababa de ser despedido, y para informar al público para que pudiera hacerse una idea por sí mismo.

---

[18] Germain Gaiffe, condenado a 30 años de prisión por haber asesinado a su esposa, se presentó al juicio como querellante.
[19] Director del diario *France-Soir*.

Me dicen —es una teoría nueva–: *France-Soir* lo hizo antes. Es decir, que el derecho a la información se agotaría después de la primera publicación. He ahí un nuevo concepto: a partir del momento en el que los lectores de *France-Soir* pudieron tener acceso a esas caricaturas, ningún otro tiene derecho a acceder a ellas. Incluso después de nosotros siguieron publicándolas en todas partes hasta ayer. Y nadie fue denunciado.

En *Charlie Hebdo* vivimos mal este reproche y esta queja por racismo e islamofobia. Desde hace quince años participamos en todas las luchas antirracistas, desde quince años luchamos contra el Front National y denunciamos los atropellos contra los musulmanes. Cuando los argelinos vinieron a refugiarse a Francia, todas las semanas *Charlie Hebdo* reservaba un cuarto de página para el currículo vitae de los periodistas refugiados, para que pudieran encontrar trabajo. Hace quince años que participamos en todos los juicios habidos y por haber, y hoy somos nosotros los acusados por una gente a la que nunca hemos visto a nuestro lado en esos mismos juicios y que nos llama racistas e islamófobos, lo cual resulta aún más desagradable por el hecho de que nunca hemos dejado de dar la palabra a los musulmanes laicos, que se manifiestan en las columnas de cada número de *Charlie Hebdo*, quizás más que en cualquier otro diario. Tuvieron a su disposición casi cuatro páginas para expresarse en la edición posterior a aquella en la que publicamos las caricaturas. Junto con ellas publicamos el Manifiesto de las Libertades, que agrupa a mil cuatrocientos musulmanes. ¿Quién va a decidir quiénes son los musulmanes buenos y los musulmanes malos? ¿Le corresponde a la justicia hacerlo? ¿Los musulmanes malos son todos los que dijeron: tienen razón al publicar estas caricaturas? ¿Eso los convertiría en racistas e islamófobos? Ahí están los intelectuales que hablan en *Charlie Hebdo*, todos musulmanes ahora convertidos en "islamófobos".

El Manifiesto de las Libertades no fue publicado en ningún otro diario. Sus autores quisieron publicarlo en *Charlie Hebdo* como punta de lanza de la laicidad. Era importante. Y agradezco también a los políticos que acudieron a la audiencia. Era legítimo que los políticos[20], los hombres que defienden la República, vinieran aquí a manifestar la importancia que le dan a este juicio. Vinieron para decir hasta qué punto están comprometidos con nuestra libertad, hasta qué punto consideran ridículas las quejas que nos dirigen. Van a terminar ustedes, los querellantes, por calificar de islamófoba y racista a toda la sociedad francesa.

En estos últimos tiempos hubo decenas de peticiones. Esas publicaciones, esos políticos, esos testigos,

---

[20] François Hollande y François Bayrou. En el momento del juicio, Hollande era primer secretario del Partido Socialista y alcalde de Tulle. Fue presidente de Francia entre el 15 de mayo de 2012 y el 14 de mayo de 2017. (N. del T.)

esos musulmanes vienen a decirnos: tienen ustedes razón. A todos ellos habría que decirles que han apoyado a un periódico racista e islamófobo. El laicismo está constantemente presente en nuestras columnas. Hemos participado en todas las luchas antirracistas y a veces nos hemos sentido muy solos.

Me gustaría responder al argumento de la libertad de credo, que está completamente fuera de lugar. ¿De qué modo tres desafortunadas caricaturas impiden a alguien creer en lo que quiera? ¿De qué modo impiden a un musulmán ir a la mezquita, a un judío ir a la sinagoga y a un cristiano ir a una iglesia? ¿De qué modo plantean estas caricaturas la cuestión de los cementerios musulmanes o del sacrificio de corderos? ¿De qué modo agreden a un creyente? Nosotros solo intentamos reír, discutir y debatir. Es posible que eso sea ofensivo, no lo negamos. Pero así se construye el debate, así se construye el laicismo, así se construye nuestro país.

Podrán ver ustedes una caricatura del siglo XVII con Mahoma en forma de pescado. Es lo peor que se pueda imaginar. Es una animalización de Mahoma, una diabolización. Data del siglo XVII, fue publicada en Francia y se volvió a publicar otra vez por la revista *Historia* hace dos semanas. ¿Qué van a responder a la LIM cuando les pidan que condenen a la revista *Historia*? *Historia* dirá: hacemos historia y no hemos hecho más que tratar la actualidad.

Cada vez les dirán que hay gente que se ofendió cuando vio esto, que hay que respetar su sensibilidad, que da una mala imagen del musulmán. Y no acabamos nunca. Las caricaturas cristianas sobre la Iglesia existen desde el siglo XIII, de formas extremadamente duras. La historia de la caricatura en Francia es una historia noble.

1834, *Le Charivari* con la famosa caricatura de Luis Felipe en forma de pera. En 1892, *La Croix* es el primer gran diario en abrirle sus puertas a la caricatura con una en contra de Cristo. 1893, *Le Figaro;* 1897, *L'Aurore;* 1929, *Le Canard enchaîné,* con una tirada de 200.000 ejemplares. Desde 1960, *Charlie Hebdo,* junto a *Le Canard enchaîné,* representan esta tradición de la caricatura en nuestro país. En 1905 saldrán a la luz caricaturas de la Iglesia particularmente violentas, se verán sacerdotes hundiendo crucifijos en cabezas de niños, arzobispos transformados en cerdos, arzobispos que defecan sobre el mundo entero. Pueden ver todo eso en mi dossier.

Hay una evidente tradición de la caricatura. Ustedes nos piden que la abandonemos. Además, esta tradición de la blasfemia está estrechamente ligada, desde siempre, a la lucha por el laicismo. ¿Cuál era el argumento de entonces en contra de esas publicaciones? Es sorprendente: "El anticlericalismo satírico se desarrolla por interés comercial". ¡Los mismos argumentos, ya en 1905! Cuando se hurga en las profundidades del alma humana emergen siempre las mismas bajezas. ¿Por qué aquello que era posible en 1905 ya no lo sería en 2007?

1977, en *Charlie Hebdo*: la cara oculta de Cristo. Ahí tienen a Jesús en la cruz, de espaldas y con el culo al aire. Eso no lo prohibieron. ¿De verdad quieren ustedes la misma igualdad de trato? ¿De verdad quieren que no les demos un trato especial? Jesús es tan profeta como Moisés. ¿No tendríamos el mismo derecho a caricaturizar a Mahoma, o a Jesús o a Moisés? Sería la historia de nunca acabar.

Tenemos demandantes que ocultan a otros, como muñecas rusas: tenemos al demandante respetable, moderado, que ha llevado a cabo luchas valientes, pero que ha terminado en una posición política que me resulta incomprensible. Dicen que estaban ante una encrucijada política. Si hubiera habido una verdadera conmoción de la comunidad musulmana francesa habrían hecho la denuncia al día siguiente, pero esperaron cinco meses. 18 de julio, denuncia de la Mezquita de París. No sé ni quiero saber qué estuvieron tramando durante todo ese tiempo.

Solo quiero destacar que realmente es un error decir que somos islamófobos y racistas, que no tratamos a todo el mundo del mismo modo y que impedimos creer en lo que uno quiera y practicar la religión que uno quiera.

En 1835 se reinstauró la censura previa para las caricaturas. Y en 1881 hubo todo un debate sobre esta cuestión. El ponente de la ley de 1881, Eugène Lisbonne, intervino para decir que no hay ningún motivo para tratar a las caricaturas de un modo distinto que el texto escrito, que constituyen un modo de comunicación del pensamiento importante y que ya era hora de ponerle fin a todo tipo de restricción en materia de caricaturas. El objetivo principal de este juicio es que demos marcha atrás en esa materia. Dijeron ustedes que tenían una caja de Pandora en su expediente; la caja de Pandora está en su tejado.

Hacen este paralelismo con los judíos, lo hicieron en los comunicados de prensa; hoy mismo lo han hecho. Nos dicen: ¿por qué los judíos tienen una ley contra el negacionismo? Lo dice claramente el comunicado de prensa de Boubakeur, pueden verlo, es el argumento habitual. Por esa vía también nos piden cuestionar todos nuestros fundamentos filosóficos, porque habría que poner en el mismo plano las creencias (en Dios) y un hecho histórico (el Holocausto). Abandonemos toda nuestra construcción intelectual y toda nuestra cultura, nuestra naturaleza, abandonemos a Spinoza, a Diderot, a Voltaire y a Nietzsche.

Si, como dice el rector Boubakeur, hay que mostrarse dispuesto a reaccionar cuando se ataca a la dignidad de los musulmanes, si las organizaciones musulmanas recurren a la justicia cuando se sienten lesionadas, ¡nos vamos a ver aquí con mucha frecuencia, porque estos juicios no van a terminar nunca!

Luego, las asociaciones judías les dirán: cuidado con criticar a Israel porque nos critican a nosotras. Van a pedir que condenen a todos los diarios que hayan reproducido las declaraciones del papa en Ratisbona. Son declaraciones del papa, no de *Charlie Hebdo,* tienen un impacto ligeramente mayor[21].

Pero las declaraciones del papa trazan un paralelismo extremadamente duro entre el islam y la violencia. Les dirán, igual que hoy: ustedes se olvidan de todos los musulmanes que murieron por Francia. Bonito pretexto el de invocar la memoria de los muertos para restringir la libertad de expresión. Qué infamia... Dirán una y otra vez: ofendieron nuestra fe, no deben atacar nuestros sentimientos religiosos.

La segunda parte de mi alegato va a ser más corta que la primera. Ustedes nos dicen que no soportan los ataques a sus sentimientos religiosos. Sin embargo, tienen una sensibilidad muy subjetiva en materia de

---

[21] Se refiere al discurso del papa Benedicto XVI en Ratisbona el 9 de octubre de 2009 en el que citaba el diálogo del emperador bizantino Manuel II Paleólogo (1391) con un erudito persa en el que se aseguraba que sobre el profeta solo encontraría "cosas malas e inhumanas". Este discurso creó gran malestar en el mundo musulmán, aunque se trataba de un malentendido, como explicó posteriormente el propio papa. (N. del T.)

caricaturas y de respeto a la religión, porque en el mundo árabe existen caricaturas. Todos los días –lo verán en el libro de Dan Kotek[22]–, ¡todos los días hay caricaturas sobre los judíos! Y no hay ningún juicio. En Arabia Saudí hay caricaturas y no hay ningún juicio. En Egipto, Pakistán e Irán jamás se oye hablar de juicios.

El juicio tiene lugar aquí. Nadie les niega el derecho a denunciar, todo lo contrario. Pero para algunos, la hipocresía y la impostura se han convertido en armas, en armas de verdad. Nos dicen que el presidente Chirac[23] habló de una provocación y este es el argumento principal del comunicado de prensa que difundió la Mezquita de París. Ya hemos citado lo que dijo el presidente Chirac sobre Rushdie[24]. Obviamente hay cierto tesón en las declaraciones de Chirac, pero algunos años después recibió a Salman Rushdie, desenrolló la alfombra roja y le concedió la Legión de Honor. Le preguntaron a Rushdie: "¿Se le ha olvidado lo que el

---

[22] Se refiere al libro de Joël y Dan Kotek *Au nom de l'antisionisme, l'image des Juifs et d'Israël dans la caricature depuis la seconde Intifada* (*En nombre del antisionismo, la imagen de los judíos y de Israel en la caricatura desde la segunda Intifada*). (N. del T.)

[23] Jacques Chirac, presidente de Francia entre 1995 y 2007. (N. del T.)

[24] Dos días después de que un millar de personas desfilaran en París al grito de "Muerte a Satán" (26 de febrero de 1989), Jacques Chirac declaró: "No tengo ninguna estima por Rushdie, he leído lo que se publicó en la prensa y es miserable. No tengo ninguna estima por aquellos que utilizan la blasfemia para hacer dinero".

presidente Chirac dijo de usted?". Y él respondió: "Yo no lo he olvidado; parece que él sí".

Y ya que el presidente de la República parece ser una referencia para los querellantes, quisiera citarles las declaraciones de Chirac en 1991:

"Nuestro problema no son los extranjeros, no hay ahora más extranjeros que antes de la guerra; no son los mismos, esa es la diferencia. Tenemos trabajando en Francia a españoles y portugueses, lo cual plantea menos problemas que tener a musulmanes y negros".

De modo que cuando ustedes invocan, para sostener su causa, lo que dice el presidente Chirac, cuando nos denuncian a nosotros, que desde hace quince años participamos en todas las luchas antirracistas, ustedes no resultan ni coherentes ni convincentes.

¡Y la UOIF! Es interesante ver lo que dice el mentor de la UOIF, Qaradawi. Es interesantísimo en el marco de este juicio. El señor Qaradawi, único imán del mundo que autorizó los ataques kamikazes contra civiles, dice:

"El islam regresará a Europa como conquistador y vencedor después de haber sido expulsado dos veces. Afirmo que esta vez la conquista no se hará con la espada sino con la predicación y la ideología".

Por tanto, no lograrán ustedes culpabilizarnos, por mucho que lo intenten. Nos mantendremos fieles a nuestros principios. Existe una movilización a nivel mundial y los quinientos mil lectores de *Charlie Hebdo* así lo demuestran.

Sugirieron ustedes que el problema era que necesitábamos dinero. Quédense tranquilos, no es el caso. Aquí presento un comprobante del auditor de cuentas que dice que desde hace quince años tenemos ganancias. He presentado un comprobante de las tiradas de *Charlie Hebdo*. Créannos, no teníamos previsto para nada lo que iba a pasar.

Sin embargo, debo reconocer a la UOIF su gran perseverancia: ya en 1989 solicitaba a la justicia, a ustedes, señores del JPI, la prohibición judicial de *Los versos satánicos*.

Por lo que hace a la Liga Islámica Mundial, es inadmisible que nos acuse, pero para dar gusto a sus representantes –que representan a muy pocos– tendríamos también que renunciar a nuestros principios jurídicos. Me subleva realmente el daño que hacen a los musulmanes. Están hartos, al menos los musulmanes franceses, de que hablen por ellos, de que les nieguen el derecho al humor, incluido el derecho a reírse de su Dios y hasta de su Profeta.

El objetivo es político. Me apenó ver que en su comunicado de prensa el rector Boubakeur hacía mención de la Declaración de Derechos Humanos de El Cairo, que define la libertad de expresión de un modo un poquito particular. Ese es el objetivo político de los organizadores de las manifestaciones: instaurar un código de buena conducta de los medios.

Hoy, hay políticos a nuestro lado. En aquel momento nos sentíamos solos frente al discurso reinante y el discurso que nos inquietaba mucho era el que decía que la libertad de expresión está bien, pero que teníamos que prestar atención a no ofender a nadie, lo cual no quiere decir nada. La libertad de expresión no puede ser, por definición, indolora, no puede reducirse a un apéndice de aquello que es completamente consensual. ¿Entonces, cuál es el quid de esa declaración de El Cairo que nos quieren imponer?

"Artículo 22: todo el mundo debe tener derecho a expresar libremente su opinión, siempre que no esté en conflicto con la sharía".

Y más claro aún:

"La información es un imperativo vital para la sociedad, pero está prohibido utilizarla y explotarla para atacar lo sagrado, la dignidad del Profeta".

Esto que les leo es, ni más ni menos, que el programa de la UOIF. Habría entonces que prohibir a Sade, que mató a Jesús; a Lautréamont, que lo representa completamente borracho; a Renan, que le negó su paternidad. Habría que prohibir a Dante, que en el octavo círculo de *La divina comedia* destripó a Mahoma y partió en dos la cabeza del profeta Alí. Habría que prohibir todo eso. Pues todos los días tendrán a la Liga diciéndoles: esto nos hace sufrir, esto nos ofende, no puede ser. Habría que prohibir el darwinismo en las escuelas. Lo escribí hace una semana. Y entretanto la actualidad confirmó mis pronósticos, porque se envió a las escuelas un manual de inspiración musulmana que refuta el darwinismo[25]. Por lo tanto, habrá que cambiar los manuales escolares. No es una locura, no lo crean, estos juicios todavía no existen en Francia, pero sí en Estados Unidos, donde son impulsados por cristianos.

Habría que prohibir los conciertos de Madonna. En Holanda hay cristianos ortodoxos que quisieron prohibir los conciertos de Madonna. Habría que prohibir a Voltaire. Habría que prohibir también los museos, una buena parte de los cuadros, como esos que pidieron que se retiraran de la Tate Gallery; no habría que representar más *Idomeneo, rey de Creta,*

---

[25] Se realizó un envío masivo del *Atlas de la Création* (*Atlas de la creación*) a las escuelas, ante lo cual tuvo que intervenir el ministro de Educación (AFP, 2 de febrero de 2007).

de Mozart. Todo esto ya está sucediendo, estamos en medio de esa pesadilla y el argumento será siempre el mismo.

Sin duda habrá que prohibir también Amnistía Internacional. Hace apenas unas semanas, Amnistía Internacional, que si no me equivoco no es ningún reducto de islamófobos, publicó un libro para conmemorar sus cincuenta años y pidió a ilustradores y dibujantes del mundo entero que ilustraran el artículo 19 de la Declaración Universal de los Derechos del Hombre. Ese libro se publicó hace dos semanas. No miren la página de la derecha, con guion de un servidor y dibujada por un islamófobo presente en la sala, Charbonnier. Pero miren la de la izquierda, el artículo 19 dibujado por un autor alemán, Ralf König, que ilustró así la libertad de expresión:

«En el próximo salón de la moda de París, la libertad de expresión, la libertad de prensa y el humor satírico desfilarán con el talante de una ejemplar tolerancia». Y se ve a tres mujeres que desfilan llevando el velo.

En realidad, es algo mucho más tendencioso todavía, pues el velo no es exactamente un símbolo religioso. Lo que el autor quiso decir es que la libertad de expresión está velada. ¿Qué van a invocar ustedes para pedir que prohíban este dibujo?

Lo que ustedes piden se corresponde con la definición misma de blasfemia. Algo interesante es que, en Yemen, los diarios que difundieron estas caricaturas, porque los hubo —no se ha hablado mucho de este asunto—, fueron condenados y los periodistas encarcelados por blasfemia. ¿Cómo podría ser que eso que se llama blasfemia en Yemen pueda llamarse de otra manera aquí? Periodistas jordanos fueron encarcelados por lo mismo que nos recriminan hoy a nosotros… por blasfemia, no por islamofobia o racismo.

¿Cómo se puede pretender que exista la menor ambigüedad en esta publicación de *Charlie Hebdo*, cuando en ese mismo número estaba también el editorial de Philippe Val? Este es un punto esencial.

Las caricaturas se publicaron junto con las declaraciones de Val, según las cuales las principales víctimas del islamismo son los musulmanes. ¿Cómo pasar eso por alto? ¿Cómo apreciar estos dibujos sin tener en cuenta el texto del Manifiesto de las Libertades, que también explica las cosas?

En el islam, la risa existe desde hace ocho siglos. Pienso sobre todo en las aventuras de Nasr Eddin Hodja. Desde hace ocho siglos es el equivalente a nuestro Guignol[26] y existe en todos los países árabes. También

---

[26] Títere de guante creado en Lyon a comienzos del siglo XIX y considerado el muñeco más popular de Francia. (N. del T.)

los musulmanes saben reírse de sí mismos y saben blasfemar. Esto no gusta a quienes quieren de hecho prohibir esa cultura popular que data de ocho siglos.

Y, si ustedes tienen que condenar, tendrían que condenar a todos esos periodistas, como Claude Imbert y Jean-François Kahn, a todos esos intelectuales que se han vuelto racistas e islamófobos, como Said Sadi, que quería venir a testificar ante ustedes, pero está en el mismo congreso en Argel al que debe asistir Bayrou. Sadi es presidente de la Agrupación por la Cultura y la Democracia, el principal partido político de Argelia –con 308 federaciones a su cargo, 9.000 bases políticas y 75.000 funcionarios–, y también, según esperan algunos, el próximo presidente de ese país, por lo que tiene toda la legitimidad para expresarse. En su testimonio, ya que quiso testificar, nos dice:

«Para el musulmán que soy, este incidente reclama dos observaciones fundamentales:

»Del lado musulmán, es difícil no ver el abismo que separa el rechazo de nuestros dirigentes a respetar nuestros derechos y nuestra dignidad cuando se trata de expresar un punto de vista libre en nuestros países y su empeño por estimular nuestra susceptibilidad cuando se trata de desatar el furor contra "el enemigo exterior".

«En mi país, los tres partidos que constituyen la coalición gubernamental, que sacan provecho de todos los medios del Estado, no han podido reunir [contra las caricaturas] a más de 400 personas en Argel, en una sala con capacidad para diez mil.

»Descifrar el razonamiento que sirvió para respaldar estas acciones puede resumirse más o menos como sigue: las críticas que apuntan a Jesucristo o a Moisés son aceptables porque están dirigidas a un público capaz de captar la distancia que separa la ironía de la agresión. Como esta sutileza es inaccesible para los creyentes del islam, esa misma acción resulta una provocación. Importa poco cuánto profundicemos en las razones ocultas que producen estos sofismas. Dan cuenta (y prefiero decirlo brutalmente) de cobardía intelectual, de hecho, hueca, ya que algunos de esos actores piensan proteger sus ciudades santificando el instinto gregario de los musulmanes.

»Esos sofismas dan cuenta también de un racismo solapado, porque en definitiva condenan al musulmán a un atavismo que lo hace incapaz de tener sentido del humor, de controlar sus reacciones epidérmicas y de observarse a sí mismo con otros ojos que los propios.

»Mi propósito no es negar aquí el retraso cultural que reina en la sociedad islámica. Este hándicap, o se supera con la valentía y a la inteligencia de los musulmanes o no se superará nunca. El islam necesita respeto y reformas, no condescendencia y cinismo.»

Quien dice esto es un musulmán. Podrán leer [en el dossier] todos estos testimonios de intelectuales. El diario islamista de Yemen *Al-Balagh* consideró que los regímenes musulmanes han hecho más daño al Profeta que los dibujantes daneses:

«Los árabes deben boicotear primero a sus propios regímenes, que deben pedir disculpas por los actos de tortura que cometen contra ciudadanos pacíficos, por el encarcelamiento de intelectuales y por la corrupción a gran escala de la que son culpables. Esos regímenes harían mejor en respetar primero el islam antes de ponerse a criticar a los demás.»

¡Mientras en Yemen se escribe esto, en Francia se dedican a atacar a *Charlie Hebdo*! Hubiera querido citar a todos esos intelectuales musulmanes, pero ya no me es posible. Pueden ustedes ver las declaraciones de Mohamed Cassini, representan la Ilustración del islam y todos esperamos que sean el futuro del islam. Son intelectuales respetados que luchan desde sus países, lo cual suele ser difícil. A veces son encarcelados y nos imploran: por favor, no nos abandonen, este juicio también es importante para nosotros. Hace dos semanas prohibieron un diario en Marruecos porque publicó chistes contra la religión. Imaginen el efecto que causaría que sus gobiernos pudieran decir: «¿No ven cómo el país de los derechos humanos, el país de la libertad de expresión dicta condenas por racismo en cuanto se trata del Profeta? ¡Claro que todos ustedes merecen ir a la cárcel!». Yo, en su lugar[27], rezaría para que el tribunal haga todo para aliviar sus conciencias.

El MRAP, Movimiento contra el Racismo y por la Amistad entre los Pueblos, decidió no denunciarnos porque tuvo en cuenta nuestras tradiciones satíricas. Nos respalda la propia LCR, Liga Comunista Revolucionaria, que, sin embargo, a veces comparte el discurso de la islamofobia. La LICRA, Liga de los Derechos del Hombre, nos apoya. Condenarnos sería decir a la sociedad francesa: "son todos islamófobos y racistas, que apoyan caricaturas racistas".

Voy a terminar con una frase, perdónenme por haberme extendido tanto, pero tenía mucho que decir y estaba muy afectado por las acusaciones formuladas contra nosotros. He defendido a este periódico desde hace quince años y conozco sus orientaciones y sus críticas: no merecemos estas acusaciones.

Terminaré pues con una sola frase de uno de los más prestigiosos universitarios tunecinos, profesor de la Universidad de Túnez, Hamadi Redissi. Cuando se publicaron las caricaturas, cuando se publicó esa caricatura de Mahoma con la bomba en el turbante, desde Túnez le habló con valentía a Occidente para decirnos esto:

«No deben renunciar a la libre crítica. Si ceden, será el fin.»

---

[27] Aquí me dirijo a los querellantes.

El alegato del letrado
Georges Kiejman

Señor presidente:

Bien sabía yo que no tenía que venir a este juicio: al final los que nos traicionan son siempre los más cercanos. Creía que Richard Malka era uno de mis hijos espirituales. Y espiritual ha sido. Sin embargo, debería haber desconfiado de alguien que es como el bastardo de Philippe Val y de Cabu, alguien que desde hace ya muchísimo tiempo es hijo de *Charlie Hebdo*. Me dijo: "yo seré aburrido, tú serás divertido y aunque se haga tarde lo lograrás, ya verás".

Como eso no va a poder ser, voy a tratar de hacer como el abogado Bigot[28] y mencionar algunas correosas jurisprudencias que espero ustedes reconozcan

---

[28] El letrado Christophe Bigot fue en este proceso el abogado de la Mezquita de París. (N. del T.)

como propias y no traicionables, ni siquiera con un nuevo presidente.

Lo que cuenta en este asunto es su novedoso trasfondo intelectual y político, ya que es una reivindicación de discriminación deseada por las asociaciones querellantes. Pero, en el plano judicial, la decisión que ustedes adopten, que obviamente será acorde con las interpelaciones de la señora Fiscal —o eso espero—, tendrá que ser la que confirme todo lo que ustedes han construido hasta ahora. Tenemos que estar absolutamente convencidos de ello.

Lo que se les pide, lo que esperamos de ustedes, que están ahí enfrente, a ese lado del estrado, es que vuelvan a lo que decidieron ayer y antes de ayer y semana tras semana y sentencia tras sentencia, es decir, que vuelvan a proteger la libertad, no porque se trate de una libertad sin límites, sino estableciendo sus límites lo más lejos posible y mostrando que la libertad puede expandirse a pesar de ellos.

A toda prisa, o en todo caso lo más deprisa posible, tengo que invocar aquí algo que ustedes ya conocen, a saber, el artículo 11 de la Declaración de los Derechos Humanos, el artículo 1° de la ley del 29 de julio de 1881 y el artículo 10, apartado 1°, del Convenio Europeo para la Protección de los Derechos del Hombre y de las Libertades Fundamentales.

Ya ha recordado Richard Malka que, a lo largo de la historia, se ha intentado reprimir la caricatura —especialmente bajo el reinado de Luis Felipe, a partir del famoso caso del dibujo de la pera—, que por fortuna se desistió de hacerlo en 1881 y que sólo mucho después, bajo el régimen de Vichy, se reinstauró el sometimiento a la autorización previa de la censura central la reproducción de los rasgos del mariscal Pétain, cuyos vínculos con Mahoma eran no obstante muy lejanos.

La ley sobre el restablecimiento de la igualdad republicana acabó con todo eso. No voy a traer a colación textos que ustedes se saben de memoria. Tal vez es más importante recordarles lo que crearon en la construcción de la jurisprudencia. Una parte de ella no les pertenece, claro, aunque los obliga, estoy hablando de la jurisprudencia de la Corte Europea de Derechos del Hombre.

El abogado Bigot ha citado varios fallos, pero nunca ha dicho sobre qué hechos específicos están construidos. Tomemos el fallo Otto Preminger Institut contra Austria, del 20 de septiembre de 1994. Es un fallo que se niega a llevar la contraria a la justicia austríaca, que condenó al Instituto Otto Preminger por una película. ¿Por qué? Porque en esa película se presenta a Dios Padre como un idiota senil e incapaz, a Cristo como un cretino y a María Madre de Dios como una desvergonzada que habla en un lenguaje descarado, mientras se pone en ridículo a la eucaristía.

El fallo del Tribunal Europeo se negó a censurar esa sentencia austríaca no solo porque se llegó muy lejos en la crítica a la religión, sino también porque la jurisprudencia de Estrasburgo tiene siempre en cuenta si la legislación nacional prevé o no prevé el ataque a la moral religiosa.

Ya lo hemos dicho, es un derecho adquirido: la blasfemia ya no existe en Francia. La última vez que se hizo un juicio por ataque a la moral religiosa fue en el siglo XIX, contra Baudelaire. Es algo que ha quedado atrás en el tiempo, muy lejos. El Tribunal de Estrasburgo dice que, cuando se ha llegado a un alto grado de profanación, de algún modo hay que permitir que la legislación propia de cada nación interprete el hecho.

Si un Estado mantiene el delito de blasfemia es porque, precisamente, su sociedad exige ese respeto. En cambio, nuestra Constitución, como se ha dicho aquí, dispone que somos desde hace mucho tiempo una República unida, laica e indivisible[29]. Así que al funcionamiento de la democracia no le hace falta proteger la religión, la legislación francesa no lo prevé.

---

[29] En Francia los nacionalismos regionales son anecdóticos, cuando los hay. (N. del T.)

Por esta razón me remito a un segundo fallo citado por el abogado Bigot, el fallo Wingrove contra el Reino Unido del 25 de noviembre de 1996, que juzga una película titulada *Visions of Ecstasy*. ¿Qué mostraba esa película? Era una película de carácter sexual. El sexo parece ser siempre el enemigo principal de la religión, nunca me ha chocado eso en mi práctica profesional. La película trataba de la relación entre Santa Teresa y Cristo, de ahí esas visiones de éxtasis. Siento una gran admiración por Santa Teresa, pero en este caso la Santa se pasaba tres pueblos, pues se la veía despatarrada encima del cuerpo de Cristo crucificado. Como en el Reino Unido también existe una legislación sobre el ataque a la moral religiosa, lo llamen o no blasfemia, ahí también el Tribunal de Estrasburgo desistió de corregir la sentencia británica.

En el contexto de ese caso, después de haber mencionado la necesidad de respetar la libertad de expresión, incluso cuando pudiera ser ofensiva para los creyentes, la corte dijo que, puesto que claramente había un alto grado de profanación, había que considerar en qué medida merecía ser sancionada.

El tercer fallo, que es el fallo I A contra Turquía[30], provocó una interrupción por mi parte, para intentar

---

[30] Se refiere al juicio del 13.12 2005 en Estrasburgo contra Abdullah Riza Ergüven, autor de una novela publicada en 1998 por la editorial turca Berfin, *Yasak Tümceler* (*Las frases prohibidas*). (N. del T.)

conseguir que Christophe Bigot describiera qué era el Profeta en esos escritos que la corte de Estrasburgo encontraba susceptibles de sanción, una pequeña multa, aunque hasta una multa de un franco ya era excesiva.

En este caso relacionado con Turquía, el mensajero de Dios, es decir, el profeta Mahoma, con quien ahora estamos tan familiarizados, rompía el ayuno, otra vez por una relación sexual, algo verdaderamente desagradable, además después de la cena y antes de la oración. Se permitía la relación sexual con una persona muerta, lo que es más que asqueroso, o con un animal vivo, lo cual es peligroso en periodo de gripe aviar. Ahí Mahoma se había pasado.

Cada vez que citamos un fallo en el que el Tribunal de Estrasburgo parece admitir una culpabilidad y dictar una sentencia de sanción más o menos simbólica por decisión de justicia nacional por un ataque a los símbolos de la religión, es siempre por esta referencia a la legislación propia del país en cuestión, que no existe en el nuestro, y porque se ha llegado a un alto grado de profanación.

Voy a terminar con el fallo Handyside contra el Reino Unido, de diciembre de 1976. No se trataba de un ataque a la religión, se trataba de un ataque a la infancia, que, con razón, consideramos que debe ser objeto de cierta protección al menos hasta su pubertad.

Lo que se sancionó ahí fue un libro que ofendía las buenas costumbres porque incitaba a la corrupción y la depravación de menores. En este caso, en el que no se trataba para nada de respeto a las creencias, el Tribunal Europeo de Derechos Humanos no consideró que la medida de confiscación pronunciada por los jueces ingleses contra la obra constituyera una violación del artículo 10.

En cambio, cuando se trata de otro terreno, del terreno del debate sobre un problema religioso, hay que hacer mención del fallo Giniewski contra Francia, que la señora Procuradora tuvo a bien citar antes que yo hace un momento —no le haré los mismos reproches que a Richard Malka, no es mi hija espiritual, y bien que lo siento—. En ese fallo, el Tribunal Supremo anuló las disposiciones penales del fallo Giniewski, a quien se consideraba responsable de haberse extralimitado cuando mantuvo que la comunidad cristiana era en parte responsable del genocidio que hoy llamamos Holocausto, aunque mantuvo su responsabilidad civil.

El Tribunal de Estrasburgo consideró que incluso en el plano civil estuvo mal condenar a Giniewski a pagar un euro de reparación, que era una condena desproporcionada —es la expresión que utilizaron—, teniendo en cuenta lo que había hecho: participar en un debate aún abierto, al que hicimos referencia hace un rato, relacionado con la responsabilidad de Pío XII y de la jerarquía eclesiástica en los acontecimientos ocurridos entre 1940 y 1944.

Francia siempre evitó ese tipo de condenas, salvo en el caso Giniewski, en el que se le reprochaba haber condenado a alguien que había participado en un debate público. Puede decirse que ustedes, señores letrados, de algún modo se aprovecharon de la libertad total que les ha dejado hasta ahora el Tribunal de Estrasburgo.

Voy a citar algunas de las sentencias con las que efectivamente se construyó esta jurisprudencia protectora. Recuerdo con cierta emoción —ya que en aquella ocasión tuve la oportunidad de conocer ante el tribunal de apelación de Dijon a una de las presidentas de este tribunal, por entonces una adolescente—, recuerdo emocionado, digo, un juicio iniciado por la AGRIF contra Jean-Luc Godard, que dio lugar a un recurso de urgencia del presidente Drai, a quien los profanadores no tenían en especial consideración.

Cito también una sentencia contra la AGRIF, que había denunciado a la revista *La Grosse Bertha*, (en comparación, *Charlie Hebdo* es un modelo de corrección y buen gusto). Voy a citar igualmente un asunto que también inició la AGRIF contra *Charlie Hebdo* con respecto al "bienvenido, papa de mierda" y el caso AGRIF contra el cartel anunciador de la película *Amen*, que fue objeto de dos sentencias de fondo, una de este tribunal y luego una del Supremo.

Cito el caso que enfrentó a la Unión de Estudiantes Judíos de Francia y a algunos intelectuales, entre los cuales estaba mi amigo Edgar Morin, que había "perpetrado" un artículo bastante desafortunado en el diario *Le Monde*, que es más serio que *Charlie Hebdo*; cito también otro caso contra *Libération* que demuestra que todo el mundo puede equivocarse, incluso bajo la presidencia de Serge July[31]. Mencionaré rápidamente estas sentencias sin leerlas ni comentarlas.

En el caso AGRIF contra Jean-Luc Godard, se le reprochaba a este último haber realizado una película titulada *Yo te saludo, María*. Le reprochaban el título. Ya no recuerdo si fue el letrado Tremolet o el letrado Varaut el que gimoteaba diciendo que "insultar a María es insultar a mi mamá". Lo que sí sé es que, según los motivos que describen la película en la sentencia, la AGRIF pretendía que había que eliminar pasajes obscenos y pornográficos en los que aparecía en escena el personaje de María y que indudablemente hacían alusión a la Virgen María, retorciéndose desnuda en su cama como una histérica y profiriendo palabras obscenas. Podemos admitir que algunas conciencias católicas hayan podido sentirse ofendidas.

Esto dio lugar al inicio de esta jurisprudencia protectora. ¿Cómo se expresaba el presidente Drai en su

---

[31] Fundador del diario *Libération*. (N. del T.)

recurso de urgencia, mucho antes de que se convirtiera en presidente del Tribunal Supremo?

"Considerando que, en este estado de la cuestión, las asociaciones demandantes no podrían pedir cuentas al director —al margen de cualquier publicidad escandalosa, torpe y mentirosa— por someter una obra a la crítica y a la sanción del espectador individual que toma la iniciativa, al pagar una entrada, de entablar un diálogo singular con la mencionada obra; que debe ser así especialmente cuando el espectador individual sabe que la obra es de cine de autor y que toma por adelantado el riesgo de aceptar, o incluso padecer, el carácter provocativo o incluso chocante para aquello que conforma el fuero interno de sus creencias; que ese proceder del espectador no podría verse obstaculizado por el de las asociaciones que declaran actuar en nombre de un interés colectivo muy fuertemente cuestionado en este caso".

Es como un eco de lo que decía hace un rato Richard Malka. Sabemos lo que es *Charlie Hebdo*, nadie nos obliga a comprarlo.

Lo interesante es que el tribunal de apelación confirmó la decisión del presidente Drai, pero el Tribunal Supremo anuló el fallo argumentando que el tribunal de apelación había añadido una condición que no estaba prevista en los textos, al invocar la ausencia de disturbios manifiestamente ilícitos.

Esto dio lugar al inicio de esta jurisprudencia protectora. ¿Qué decía el presidente Drai en su recurso de urgencia, mucho antes de que se convirtiera en presidente del Tribunal Supremo?

Vuelta al Tribunal de Dijon. Yo era joven y aún tenía el recuerdo del canónigo Kir[32]; pensaba entonces que el Tribunal de Dijon cedería. De ninguna manera: el Tribunal de Dijon resistió y no hay ninguna duda respecto del hecho de que los términos que utilizó entonces podrían ser retomados hoy por ustedes. Fíjense:

"En vista de que ciertos aspectos pueden herir la sensibilidad religiosa, no puede discutirse seriamente que, incluso puestas en su contexto, algunas declaraciones del personaje de María cuando califica a Dios de "estúpido", de "cobarde" o de "vampiro" sean groseras e impliquen una provocación inútil, ni que el comportamiento brutal del personaje que tiene por nombre Gabriel o del de José, el prometido deprimido, sean tan caricaturescos como falsos con relación a los Evangelios de Mateo y de Lucas, ni que sean chocantes las dos escenas en las que María se retuerce encima de la cama como una posesa, o incluso aquella en la que su hijo pequeño se entrega a toqueteos exploratorios sobre su persona, ni que

---

[32] Personaje pintoresco de la ciudad de Dijon, cura miembro de la resistencia durante la ocupación nazi, fue alcalde de esa ciudad durante 22 años. (N. del T.)

sean agraviantes muchas otras secuencias o diálogos de la película.

"Pero considerando que, si bien estos aspectos pueden herir la sensibilidad religiosa de los adherentes de las asociaciones demandantes e intervinientes – que no son representativas de todas las corrientes del catolicismo–, esta película no constituye un ataque manifiestamente ilícito al derecho de respeto a sus creencias, puesto que su reprobación no es unánime por no ser compartida por todos los católicos, como lo atestiguan varios artículos del diario *La Croix* [...]."

Sucede lo mismo en este asunto en el que los querellantes no pueden pretender representar a todos los musulmanes.

Examinemos ahora el caso de *La Grosse Bertha*. El colmo de la vulgaridad y la obscenidad dirigidas contra la Iglesia católica. Se ve a una mujer desnuda, destripada, con un crucifijo clavado entre los muslos, el papa sodomizado por un travesti, un sacerdote ahogando a un niño en una pila bautismal mientras le grita: "Sabemos cómo hacerte hablar, niño de mierda".

¿Qué dirá en este caso la sala segunda del Tribunal Supremo?

"Todos los dibujos encausados ridiculizan la religión católica, las creencias, los símbolos y los ritos de la práctica religiosa, pero su objetivo no es suscitar un estado de ánimo tendente a incitar a la discriminación, el odio o la violencia".

¿Cómo explicarle a alguien al que ofendemos que, en cierto modo, lo hacemos por su bien? ¿Cómo convenceros a unos y a otros de que, por un lado, os queremos mucho y de que, por otro, algún día la lucha que llevamos a cabo os va a ayudar a reformar una institución en la que no parecéis tener mucha autoridad?

Y el asunto *Charlie Hebdo*: "Bienvenido, papa de mierda". Nuevamente, es el vínculo con el debate lo que va a justificar de algún modo la violencia y la obscenidad.

Estos eran los pasajes incriminados:

"[...] eres el aliado de todos los que ven en la miseria de unos el pingüe negocio de los otros; represión de la alegría de vivir, odio al placer... Hiciste causa común con los integristas musulmanes. Ambos estáis de acuerdo en lo esencial del programa".

¿Acaso no es esto algo premonitorio?

"[...] muerte a la libertad, muerte a la emancipación, muerte al conocimiento, muerte a la cultura, muerte a la igualdad".

¿Y qué dijo la sala segunda?

"No se trata de ataques contra los fieles de una religión, sino de críticas cuya virulencia solo se puede apreciar considerando el carácter abiertamente anticlerical y groseramente satírico del periódico *Charlie Hebdo* y, por tratarse del papel y las posiciones históricas de la Iglesia católica como institución representada por el papa, forman parte de un debate de opiniones que no deben ser juzgadas por los tribunales de justicia."

Pongamos ahora el caso del cartel de la película *Amen*, en el que ustedes dictaron una sentencia extremadamente justificada, extremadamente erudita en el plano teológico. A ese cartel se le reprochaba haber representado una cruz, que era al mismo tiempo la cruz de los cristianos y la cruz gamada, algo que parecía intolerable. Ustedes abogaron por una lectura abierta y fueron de los primeros en destacar que, cuando la interpretación de una ofensa no es uniforme, eso debe beneficiar al autor cuya obra es demandada.

Lo que es seguro es que esta cámara absolvió a los inculpados en la cuestión de fondo y que el tribunal de apelación no solo confirmó la sentencia de esta cámara, sino que condenó a la AGRIF por considerar que su apelación era abusiva, teniendo en cuenta la sentencia provisional y la decisión de primera instancia. Son muy poco frecuentes los daños y perjuicios por juicio abusivo. En general, se dice que la parte pudo equivocarse sobre el alcance de sus derechos.

Aquí también lo interesante es que, en el caso de *Amen*, las tres resoluciones se refieren a motivos distintos. No voy a hacer un análisis, pero eso indica que el motivo importa poco si se alcanza el objetivo, que consiste siempre en salvar a la libertad de expresión.

Ahora, siguiendo con la búsqueda de un trato igualitario, aquí tienen un caso que perdí y que ganó mi colega del Tribunal Supremo —¡siempre tiene uno a un santo por encima! –: el caso Edgar Morin, sobre un artículo publicado en *Le Monde* en el que criticaba enérgicamente la política del gobierno de Israel. Hay que reconocer que, por culpa de un desacierto en su manera de escribir, mi amigo Edgar se había mostrado algo torpe.

Este es el párrafo incriminado:

«Cuesta imaginar que una nación de fugitivos, surgida del pueblo perseguido durante más tiempo de la historia de la humanidad, que sufrió las peores humillaciones y el peor desprecio, sea capaz de transformarse en un pueblo dominador y seguro de sí mismo, en un pueblo desconsiderado que encuentra satisfacción humillando, con excepción de una admirable minoría.

»Los judíos de Israel, los judíos que fueron víctimas de un orden despiadado imponen su orden despiadado a los palestinos. Los judíos víctimas de inhumanidad exhiben una terrible inhumanidad. Los judíos, chivos expiatorios de todos los males, "chivo-expiatorizan" a Arafat y a la autoridad palestina, a los que hacen responsables de atentados que les impiden impedir.»

Son afirmaciones muy graves, no estamos en el terreno de la broma. Nos presentamos ante el Tribunal de Nanterre, que consideró que había que hacer un análisis extrínseco de las palabras denunciadas señalando que:

«El sentido, el alcance de las palabras denunciadas y la identificación de aquellos a los que señalan no pueden apreciarse aislándolas de la reflexión global de los autores en el texto publicado. Con ellas, reaccionan contra la política militar del gobierno israelí.»

Nos personamos ante el Tribunal de Versalles –y aquí toda la responsabilidad es mía–, el fallo fue muy duro respecto a la crítica de Edgard Morin.

El Tribunal de Versalles sostuvo que:

«El primer fragmento denunciado imputaba al conjunto de los judíos de Israel por el hecho preciso de humillar a los palestinos y encontrar satisfacción en hacerlo, estigmatizando su comportamiento a la luz de su propia historia común.

»El segundo fragmento hacía responsables igualmente a los judíos en su totalidad, e incluso apuntaba más allá de los que viven en Israel, del hecho de perseguir al pueblo palestino de todas las formas bajo las cuales ellos mismos fueron perseguidos.

»Estos dos fragmentos van más allá de la polémica en cuanto trazan un balance perentorio y difamatorio de la nación judía por oposición al conjunto de los palestinos, más allá de las tradicionales divergencias políticas, morales y religiosas.

»Que contrariamente a lo que sostiene la parte convocante, estos fragmentos no contienen una crítica virulenta a la política israelí y no hallan justificación en la paradoja invocada que compara los comportamientos padecidos por los judíos y los comportamientos que se les imputan.»

El Tribunal Supremo revocó la sentencia, considerando que, efectivamente, había que tener en cuenta el conjunto del artículo. Ordenó una casación sin traslado a otro tribunal de apelación en términos extremadamente lapidarios que, una vez más, tendrían que encontrar su eco en su decisión.

«Las opiniones denunciadas, circunscritas a un artículo que critica la política que lleva adelante el gobierno de Israel respecto de los palestinos, no imputan ningún hecho preciso que ataque el honor o la consideración de la comunidad judía en su conjunto en razón de su pertenencia a una nación o a una religión, sino que son la expresión de una opinión que solo atañe al debate de ideas.»

Vemos con claridad cómo se construye esta fortaleza en torno a la libertad de expresión y siempre intentando averiguar si la persona que se queja es realmente representativa. Y también está el intento de saber si se trata de una ofensa gratuita o si, en realidad, es algo ofensivo que se inscribe en el marco de un debate de interés general.

Quiero referirme ahora a una decisión que concierne al diario *Libération*. Se trataba de una caricatura del dibujante Willem que representaba a Cristo desnudo, no protegido por un trapo como lo vemos habitualmente, sino vestido solo con un preservativo.

Estarán de acuerdo conmigo en que se puede considerar que ese trazo atrevido y vulgar supera la representación de Mahoma con un turbante.

En este asunto, finalmente, el diario *Libération* fue absuelto por decisión de esta sala. No estoy seguro de que sean los dos asesores de hoy quienes estuvieron presentes en el momento de los debates, pero creo que fue usted, señora Presidenta Sauteraud, y usted, señor Presidente Jean Draeher, quienes pronunciaron la sentencia de uno de los fallos que voy a citar.

"A pesar de la grosería inherente a una representación como esta del Dios de los cristianos, el dibujo en litigio no deja de ser una opinión: su autor pretende denunciar las posiciones asumidas por el papa

Benedicto XVI en los primeros días de su pontificado, o por una parte del clero católico, con respecto a la utilización del preservativo como medio de prevención del flagelo del sida, situándose voluntariamente en el registro de la provocación y el escándalo, que sin duda responde al sentimiento que le inspira la prohibición pontificia de ese método para evitar el contagio.

"La declaración en su conjunto, de la que no podemos separar la controvertida representación de Cristo, no puede ser vista como tendente a ofender al conjunto de los cristianos ni tampoco al conjunto de los católicos, pues no todos parecen compartir la doctrina del papa sobre el uso del preservativo. Por otra parte, algunas conferencias episcopales nacionales nunca tomaron como suyas, al menos con esa forma, las posiciones comúnmente atribuidas a Juan Pablo II con respecto a ese asunto."

El Tribunal Supremo, el tribunal de apelación, todo el mundo unánimemente aprobó esta decisión con relación al dibujo de Willem.

Podría seguir así hasta el infinito. La señora Procuradora citó el ejemplo de ese panfleto que cuestionaba "la noche del santo condón". Es lo mismo. El tribunal de Toulouse creía poder condenar ese panfleto en el que se veía a una religiosa copiosamente desvestida llevando una cruz pectoral adornada con un preservativo. El Tribunal Supremo, presidido por el letrado Combes, denegó la apelación de esa sentencia, considerando que se hallaba en el ámbito de la libertad de expresión.

Finalmente, menciono un asunto en el que no me atrevo a decir que ustedes "se mojaron", el famoso caso del cartel de *La última cena*[33]. Ya ni siquiera estamos en el terreno del debate de ideas, porque ustedes dijeron, sin contradecirse de hecho con respecto a los principios por los que se decantaron en *Amen*, que no estábamos en el marco de un debate público, sino en el marco de una iniciativa mercantil.

El tribunal aprueba esa decisión porque considera que el objetivo mercantil es más importante que la forma que adopta el cartel, en el que como recordarán se reemplazó a San Juan –cuya silueta siempre me ha parecido ambigua– por una joven que reivindicaba su femineidad. Y en ese agradable cuadro hay unas cuantas poses libertinas que a muchos de nosotros nos encantaría compartir.

Total, el Tribunal Supremo dijo que no había nada objetable en ese cartel y revocó su decisión.

Buscando siempre la igualdad de trato, voy a invocar una última sentencia para mostrar que –no se inquieten

---

[33] Se refiere a la prohibición, en 2005, de un cartel publicitario de la marca de ropa Marithé & François Girbaud inspirado en *La última cena* de Leoniardo da Vinci. (N. del T.)

ustedes– tampoco a los judíos se los trata bien. Ya cité el caso Edgard Morin y ahora cito un caso que está en un terreno diferente, el de la creación literaria.

La lectura de *Pogrom*[34] nos resultó chocante incluso a los que, como yo, no queremos juzgar ciertos excesos de manera desfavorable. No solo hay ahí, con respecto a los judíos, afirmaciones de una brutalidad inusitada que no pronunciaría ni siquiera un imán integrista, sino también escenas en las que vemos la humillación de una joven muchacha judía sodomizada por un mastín y en la que en un momento dado uno de los participantes llamado Mourad ocupa el lugar del perro. Sin embargo, ustedes absolvieron a los autores de *Pogrom* simplemente con motivo de la intención literaria.

Avanzo a pasos agigantados para llegar rápidamente a lo que representa el meollo mismo del debate. Los principios son claros: debemos, en la medida de lo posible, proteger la libertad de expresión. A ustedes corresponde determinar en qué momento no debemos ir demasiado lejos, y demasiado lejos es realmente demasiado lejos cuando se miran los casos en los que los autores de las supuestas ofensas fueron absueltos.

Cuando tuve en mis manos ese número de *Charlie Hebdo*, me pareció que la cosa era facilísima. Realmente hay que ser estúpido para ver en esa cubierta

---

[34] Novela de Eric Bénier-Burckel publicada en 2005. (N. del T.)

otra cosa que no sea un homenaje a Mahoma. Nos dicen: ustedes llaman estúpidos a los que lo aman. Para nada. Él sabe distinguir a los estúpidos y sabe que los estúpidos son los integristas. No hay que buscar interpretaciones cultas acerca de lo que son los integristas: gente que se adueña de determinadas partes del Corán, de los versículos belicosos, ignorando otros que preconizan la comprensión y el amor.

Lo que le duele a Mahoma es precisamente que los integristas se encomienden a él. Si no, ¿qué sentido tendría "desbordado por los integristas"? Pues es que los integristas hacen algo que Mahoma no desea y que Mahoma condena a los integristas y considera estúpidos a esos integristas que se hacen los sabios y se autodenominan imanes, doctores o ayatolás.

Es decir, en esa portada no se puede encontrar ningún ataque a los sentimientos de los musulmanes en su conjunto.

Y esa portada tiene otro mérito añadido: el hecho de que esta caricatura sea obra de Cabu refuerza su valor editorial. Si hacemos un análisis no solo del dibujo aislado, sino del conjunto de la publicación para comprender su sentido, lo que *Charlie Hebdo* quiere decir está necesariamente señalado en esa portada.

Ayer le planteé esta pregunta a mi colega François Hollande. No habíamos preparado la respuesta, lo dijo él mismo: esa portada es un editorial. Es el pensamiento de *Charlie Hebdo* y lo que vamos a encontrar dentro de la revista está justificado por la voluntad de *Charlie Hebdo* de informar sobre un problema que está en boca de todo el mundo. Yo, Mahoma, persigo a integristas que considero estúpidos. Esta portada es una luz que aclara los dibujos que están en el interior. Hay que considerar que el hecho de diferenciar al grupo de los integristas considerados estúpidos del conjunto de los musulmanes es válida no solo para la portada, sino que lo es forzosamente también para los dibujos del interior.

Me ha gustado mucho, Richard, la manera en la que has hablado de la fotocopiadora del letrado Szpiner. Pero creo que habría sido mejor echarle la culpa directamente a él, en lugar de a la fotocopiadora.

El dibujo que representa a Mahoma con una bomba tiene el tamaño de un sello de correos. Debe interpretarse a la luz del editorial de Philippe Val. No voy a leérselo a ustedes otra vez, lo leyó estupendamente antes la señora Procuradora y también el propio Richard Malka, mírenlo, está a su alcance en la página 3.

Por lo que se refiere al dibujo que representa a Mahoma con una bomba en el turbante, la interpretación de ese sellito de correos no es fácil. Se ve que es un turbante, un turbante clásico, más que musulmán. Es la yuxtaposición de ese turbante y de la bomba lo que resulta impactante.

Es evidente que se trata de una contribución al debate: ¿puede aceptarse en nuestro tiempo que la religión sirva de justificación, de aliento, de santificación de actos de tan inaudita violencia? Está claro que desde hace años nos enfrentamos al problema de un tipo de violencia que pretende encontrar sus fuentes en el Corán, eso está más claro que el agua.

Comentaré a continuación el dibujo siguiente, el de las jóvenes vírgenes. Verán que siempre nos acabamos topando con los textos coránicos. No volveré a la primera caricatura porque ya ha sido ampliamente comentada por la señora Procuradora y por Richard Malka; les hablaré de la de los kamikazes.

Todo el mundo entendió que esos cuatro musulmanes, de hecho mal dibujados, representan a kamikazes que terminan muertos en su propio atentado, echando humo por culpa de la explosión que han provocado. Es cierto que se ve a un personaje, que pudiera ser efectivamente Mahoma o tal vez uno de sus colaboradores, diciendo: "¡Alto, alto, que ya no nos quedan más vírgenes!".

¿Cómo hay que interpretarlo? Pues acordándonos de que por lo menos en seis suras –y seguro de que en muchas más– se habla de la promesa, a aquellos que respeten la fe y respeten a Mahoma, consistente en que en el paraíso se los recompensará con chicas jóvenes de ojos negros.

Me voy a referir a una cita entre muchas otras. El 11 de septiembre de 2001, en Nueva York, en la maleta de Mohamed Atta, el jefe de los piratas del aire, maleta que por error habían embarcado en otro avión, encontraron un texto que al parecer también estaba en el coche de los demás participantes de uno de esos comandos, y ese texto era, de algún modo, una incitación a la acción, un *vademécum*. ¿Qué se leía ahí?

«Sé feliz, optimista y sereno, porque te aprestas a llevar a cabo una acción que agrada a Dios y que él aceptará [como una buena acción]. Hoy será, si Dios quiere, el día que pasarás junto a las mujeres del Paraíso.

»Cuando comience el choque, golpea como esos combatientes que no quieren regresar a este mundo. Grita "Alá Akbar", pues estas palabras llenan de terror el corazón de los que no creen. Dios ha dicho: "Golpea por encima del cuello y por todas las extremidades"».

Otro texto que podemos encontrar en una sura del Corán:

«Sábete que los jardines del Paraíso te esperan con toda su belleza y que las mujeres del Paraíso te esperan, ataviadas con sus mejores galas, y te llaman así: "ven aquí, amigo de Dios"».

Esas mujeres son 70. ¿Por qué el número 70? Porque algunos kamikazes, antes de entregarse a atentados

exitosos en territorio israelí, realizaron grabaciones de
video, que luego fueron difundidas, en las que les dicen a sus padres que no se angustiaran, que iban hacia
su martirio y que les habían sido prometidas 70 vírgenes; todas estas cosas están en mi dossier.

No conozco todos los atentados que tuvieron lugar
en el mundo durante los últimos años, pero tomemos
los principales: los atentados al World Trade Center,
el de las Torres Gemelas, fueron 3000 muertos en ese
11 de septiembre de 2001; el atentado de Bali del 12
de octubre de 2002, 200 muertos y 200 heridos; el de
Turquía del 20 de noviembre de 2003, 33 muertos y
450 heridos; el de Madrid del 11 de marzo de 2004, en
el que murieron 200 personas y al menos 1500 resul-
taron heridas.

Debemos recordar los cuatro atentados de Londres
del 7 de julio de 2005: 50 muertos y 700 heridos. Y el
23 de julio de 2005, los atentados de Sharm el-Sheij,
en Egipto: 88 muertos y 150 heridos.

El 31 de agosto de 2005, Estados Unidos detuvo a
cuatro terroristas islámicos que planificaban ataques
contra centros de reclutamiento y sinagogas.

Y les recuerdo que hace dos días, en el diario *Le
Monde*, la portada estaba ocupada ¿por quién? Por
los muertos de Bagdad, más de un centenar, cifra que
justificaba sobradamente la mención. Cuando se trata

solo de una docena o dos, ya ni se habla del asunto. El caso es que nuestros servicios especiales habían concebido un proyecto para frustrar el atentado, que no habían podido finalmente evitar, y por eso se lo imputaron a un grupo salafista.

Podríamos multiplicar los ejemplos desde hace años. Le realidad es que no pasa ni un día sin que nos veamos confrontados, no a la violencia de los musulmanes —ninguno de nosotros afirma semejante cosa—, sino a la violencia de una minoría que la mayoría es incapaz de controlar. Tras las declaraciones de amor que hemos oído en este tribunal por parte de los querellantes, quiero creer que, si hubieran sido capaces de controlarlos, lo habrían hecho.

Es evidente que tenemos que participar en este debate.

Nadie debería ignorar los cinco pilares del islam: estoy dispuesto a reconocer que, si Dios existe, es único. La limosna y la obligación de hacer la peregrinación a La Meca son reconocidas como algo positivo, no se cuestiona el islam. En este debate tampoco se trata de la violencia en sí misma, sino de aquello que se pone al servicio de la violencia, un islam que santifica la violencia, la bomba en el turbante. Todo va de la mano.

Bin Laden. Decimos Bin Laden y es humo, no representa nada. He aquí un joven que empezó siendo financiado por Arabia Saudí, que lo abandonó cuando él quiso derrocar al régimen. Un hombre al que nunca se atrevieron a criticar en el seno del islam. En el mejor de los casos, se comportan como si no existiera.

Como quiero completar la bibliografía durante las deliberaciones, voy a hacerles entrega del libro *Al-Qaida dans le texte*[35]. ¡Es alucinante! Se lo voy a leer un poco al buen tuntún.

"Matar a americanos y a sus aliados, ya sean civiles o militares, es un deber que se impone a todo musulmán que tenga posibilidades de hacerlo, en cualquier país en el que se encuentre y hasta que sean liberadas de su dominio tanto la Mezquita de Al-Aqsa como la Gran Mezquita de La Meca, y hasta que sus ejércitos salgan de todo territorio musulmán con las manos paralizadas y las alas rotas, incapaces de amenazar a un solo musulmán, de acuerdo con Su orden, alabado sea, y Su palabra. Hacemos un llamamiento, si Dios lo permite, a todo musulmán que crea en Dios y que desee ser recompensado por Él, a obedecer la orden de Dios de matar a los estadounidenses y saquear sus bienes en cualquier lugar en que los encuentre y cada vez que pueda".

Este texto de Bin Laden no se difundió tras de la invasión a Irak, sino el 28 de febrero de 1998.

---

[35] Gilles Kepel y Jean-Pierre Milelli (dir.), *Al-Qaida dans le texte, Écrits d'Oussama Bin Laden, Abdallah Azzam, Ayman al-Zawahiri et Abou Moussab al-Zarqawi* (*Al Qaeda en el texto, escritos de Osama Bin Laden, Abdalá Azzam, Ayman al-Zawahiri y Abu Mussab al-Zarqawi*), Presses Universitaires de France, col. "Proche Orient", 2005. (N. del T.)

La intención de matar en nombre de Dios es muy antigua.

¿Cómo justificar que se destruya todo en el Líbano, cómo vino la idea de destruir las Torres Gemelas?

Ya se trate de Bin Laden o de Al-Zarqawi, de quien se dice que es mejor teólogo que Bin Laden, encontramos siempre la recomendación de obedecer a Dios y respetar el carácter universal de la yihad. Si lo hojean verán que se trata de un libro que habría que someter a la consideración de las asociaciones querellantes, que rápidamente deberían denunciarlo.

Si no peleamos todos para que este debate deje de tener razón de ser, ¿qué hacemos? Bajamos los brazos, esperamos, con declaraciones conciliadoras, aceptamos esta situación inaceptable y morimos bien juntitos. Será nuestra forma ecuménica de acercarnos unos a otros en los ataúdes. Esto no puede ser.

Sus argumentos, letrado Djemai, son algo distintos de los que dio hace unos años, cuando la monarquía hachemita aún no había comprendido que Bin Laden era uno de sus enemigos públicos. Todos participamos en este debate y todos tenemos el deber de luchar. Cabu y Philippe Val lucharon con los medios que tenían a su alcance, que no son pocos. Eso no detendrá las masacres, pero al menos alguien las habrá denunciado.

Islam y violencia. Basta con hojear los periódicos de mañana, los de ayer o los de hoy para comprobar esta violencia todo el tiempo. He insistido en la idea de que el rechazo a las caricaturas no es unánime. Pero esas asociaciones tampoco representan a todos los musulmanes practicantes ni a los musulmanes laicos.

Comparto con Richard Malka el pesar por no contar con la presencia entre nosotros del doctor Boubakeur en este intento de acercamiento. Me gustaría poder decir lo mismo de la UOIF, pero me temo que tal vez eso es más difícil. Con las ideas del doctor Boubakeur habría sido mucho más fácil sentir esa cercanía, si él se hubiera mantenido fiel a sí mismo.

Entre los libritos que voy a entregar está el libro de Antoine Sfeir en el que se pueden leer estas palabras del doctor Boubakeur:

"Hoy más que nunca los musulmanes deben salir del letargo dogmático y paralizante para vivir en el mundo tal como es [...]. Ante estas evidencias, el espejismo más peligroso que los amenaza es sin duda el del integrismo religioso".

Y también:

"La evidencia es abrumadora. Miles de víctimas muertas sin saber por qué...".

En noviembre de 2006, el doctor Boubakeur permitía que se publicara este texto. Hoy dice que no tiene más remedio que denunciar a los que relacionan al islam con la violencia.

Sin embargo, sigue teniendo a su lado a uno de sus colaboradores, Soheib Bencheikh, antiguo muftí de Marsella y doctor en ciencias religiosas, que le escribe una y otra vez para denunciar a los responsables de la comunidad musulmana que participan en la degradación de la situación.

La verdad es que me he extendido demasiado y solo he evocado las masacres colectivas. Podría haber hablado de la violencia contra las mujeres. No sé si tendrán ustedes tiempo de leer el libro de esta mujer que es objeto de una fatwa, una diputada holandesa que vive rodeada de guardaespaldas. Debería haber mencionado la violencia contras las mujeres y los homosexuales.

Fíjense en este hombre, el doctor Fouad Alaoui, vicepresidente de la UOIF. Se ha dicho de él que tiene malas ideas, pero también buenas. Lo siento, pero hay personas cuyas ideas son tan despreciables que acaban siendo no solo seres peligrosos, sino gente con la que no se puede tener ningún tipo de relación.

Citaré su interpretación del Corán en lo que respecta a la homosexualidad:

"¿Reciben los dos participantes el castigo del fornicador? ¿Matamos al activo y al pasivo? ¿Y cómo los matamos? ¿Sable o fuego?".

Le hago notar, señora Procuradora, que nuestro arsenal represivo fue reforzado en 1972, que ahora hay disposiciones contra la gente que llama a discriminar a una comunidad por la orientación sexual de sus miembros. Y este libro que cito acaba de salir con la bendición y el respaldo de la UOIF.

Si imponen ustedes una condena, por simbólica que sea, de algo así como un franco, como se le impuso a Giniewski en su día en el marco de aquel otro juicio, si dejan que su sentencia sea interpretada como una afirmación, precisamente, de que el límite ha vuelto a ir hacia atrás respecto de lo que estaba autorizado hasta ahora; en otras palabras, si destruyen la jurisprudencia que existe hoy en día y que fue construida poco a poco por la sala decimoséptima, no solo darán aliento a los gobiernos más represivos, sino que pondrán fin a una época bendita en la que podíamos decirnos unos a otros lo que pensábamos unos de otros.

De lo que se trata es de saber si van ustedes a respetar el fruto de toda una historia y de una revolución: la libertad de pensamiento.

Sr. Presidente: —¿Señor Val, tiene algo que añadir?

Sr. Val: – Solo mi agradecimiento a los testigos que han pasado por este estrado por la calidad de sus intervenciones, que nos han permitido poner los debates en el nivel que esperábamos.

Lamento que este encuentro se haya producido ante un tribunal, habría preferido otro lugar, tal y como habíamos previsto inicialmente con el doctor Dalil Boubakeur de quien sigo sin entender el brusco giro, pocos días antes de la publicación de las caricaturas; tan brusco, que es para mí casi misterioso. No obstante, sigo invitándolo de la manera más fraternal a continuar este debate –si le parece en las páginas de *Charlie Hebdo*– a fin de que contribuyamos juntos a desmentir la teoría del choque de civilizaciones y a denunciar la enemistad programada, incluso si, a veces, y hay que lamentarlo, las propias religiones no nos lo ponen fácil. La humanidad debe ser puesta por encima de las religiones, yo abrigo el deseo de que esa humanidad nos reúna, a Dalil Boubakeur y a mí, para hacer avanzar la causa de la fraternidad y de la amistad entre los pueblos.

Además, pienso que la decisión que van ustedes a tomar será seguida con el mayor interés. Lo que está en juego no es solo la libertad de *Charlie Hebdo*, sino la libertad de prensa, de los artistas, de los creadores, de los intelectuales, en Francia, en Europa y en el mundo entero.

Sentencia del Tribunal de Primera Instancia

TRIBUNAL DE PRIMERA INSTANCIA DE PARÍS

Sala decimoséptima

Caso Sociedad de los Habús
c/ *Charlie Hebdo*

Jueves 22 de marzo de 2007

SOCIEDAD DE LOS HABÚS Y LOS LUGARES
SAGRADOS DEL ISLAM UNIÓN DE LAS
ORGANIZACIONES ISLÁMICAS DE FRANCIA

c/   Extracto de las actas de Registro del Tribunal de
VAL   Primera Instancia de PARÍS

República francesa
En nombre del pueblo francés

TRIBUNAL DE PRIMERA INSTANCIA DE PARÍS

Sala decimoséptima

N° de caso: **0621308076**   Sentencia del **22 de marzo de 2007** n°: 1

Caso adjunto: **0620808086**

NATURALEZA DE LAS INFRACCIONES:
INJURIAS PÚBLICAS CONTRA UN GRUPO DE
PERSONAS POR SU RELIGIÓN O SU ORIGEN
POR MEDIO DE PALABRA, TEXTO, IMAGEN
O MEDIO AUDIOVISUAL

TRIBUNAL CONSTITUIDO POR:

– N° DE CASO: **0621308076**: CITACIÓN
A PETICIÓN DE LA SOCIEDAD DE LOS
HABÚS Y LOS LUGARES SANTOS DEL ISLAM
ENTREGADA A DOMICILIO, CON ACUSE
DE RECIBO FIRMADO EL 21 DE JULIO DE
2006

– Nº DE CASO: **0620808086**: CITACIÓN A PETICIÓN DE LA UOIF ENTREGADA EN PERSONA EL 3 DE AGOSTO DE 2006

PERSONA DEMANDADA:

Apellido:	**VAL**
Nombre:	**Philippe** APELACIÓN:
Nacido el:	14 de septiembre de 1952
En:	NEUILLY SUR SEINE (92)
Domicilio:	44, rue de Turbigo, 75003, PARÍS
Profesión:	director de publicación
Situación penal:	libre

Comparecencia: comparece asistido por Richard MALKA, letrado del Colegio de Abogados de PARÍS (C593), y por Georges KIEJMAN, letrado del Colegio de Abogados de PARÍS (P200), que presentaron conclusiones refrendadas por el presidente y el secretario judicial y que se encuentran adjuntas al expediente.

RESPONSABLE CIVIL:

Nombre: **la sociedad ÉDITIONS ROTATIVE**
Domicilio: 44, rue de Turbigo
75003 PARÍS

Comparecencia: comparece en la persona de su representante legal, su gerente Philippe VAL, asistido por Richard Malka, letrado del Colegio de Abogados de PARÍS (C593), y por Georges KIEJMAN, letrado del Colegio de Abogados de PARÍS (P200), que

presentaron conclusiones refrendadas por el presidente y el secretario
judicial y que se encuentran adjuntas al expediente.

PARTES CIVILES DEMANDANTES:

N° DE CASO: 0621308076

P.C.P n° 06/1685 depositado el 30 de noviembre de 2006

Nombre:	SOCIEDAD DE LOS HABÚS Y LOS LUGARES SANTOS DEL ISLAM
Domicilio:	domicilio del letrado BIGOT 44, rue Coquillière 75001 PARÍS
Comparecencia:	no compareciente, representado por Christophe BIGOT, letrado de los tribunales de PARÍS (A738), y por Francis SZPINER, letrado de los tribunales de París (R49).

N° de caso: 0620808086

P.C.P. n° 1428/2006 depositado el 9 de octubre de 2006

Nombre:	UNIÓN DE ORGANIZACIONES ISLÁMICAS DE FRANCIA (UOIF)
Domicilio:	domicilio del letrado Hussein MAKKI 50, rue de Rome 75009 PARÍS
Comparecencia:	compareciente en la persona de Lhaj Thami BREZE, su presidente en ejercicio, asistido por el letrado Ouassini MEBAREK, letrado de los tribunales de NIZA

PARTE CIVIL INTERVINIENTE EN LA CASO 0620808086:

Nombre: LA LIGA ISLÁMICA DE FRANCIA
Domicilio: 5-7, rue Denis-Papin
              78200 MANTES LA JOLIE

Comparecencia: no compareciente, representado por Med Salah DJEMAI, letrado del tribunal de París (E370), que presentó conclusiones refrendadas por el presidente y el secretario y que se encuentran adjuntas al expediente

PARTES CIVILES INTERVINIENTES EN AMBOS CASOS:

Nombre: Asociación DEFENSA DE LOS CIU-DADANOS
              Domicilio: 3, allée de la Puisaye
              92160 ANTONY

Comparecencia: compareciente en la persona de su presidente, Claude KARSENTI.

Nombre: ASOCIACIÓN PROMOCIÓN SEGURIDAD NACIONAL (APSN)
Domicilio: eligiendo domicilio C/ asociación DEFENSA DE LOS CIUDADA-NOS
              3, allée de la Puisaye
              92160 ANTONY

Comparecencia: compareciente en la persona de su presidente, Germain GAIFFE, que presentó conclusiones refrendadas por el presidente y el secretario y que se encuentran adjuntas al expediente

Nombre: **Germain GAIFFE**
Domicilio: eligiendo domicilio C/ asociación DEFENSA DE LOS CIUDADANOS
3 allée de la Puisaye
92160 ANTONY

Comparecencia: compareciente, presentó conclusiones refrendadas por el presidente y el secretario y que se encuentran adjuntas al expediente

Nombre: **Asociación Política BASTA DE CENSURA, CORRUPCIÓN, DESPOTISMO Y ARBITRARIEDAD**
Domicilio: 96, rue Oberkampf
75011 PARÍS

Comparecencia: compareciente en la persona de su presidente, Joël BOUARD, que presentó conclusiones refrendadas por el presidente y el secretario y que se encuentran adjuntas al expediente

Nombre: **Georges MATHIS**
Domicilio: sin domicilio fijo

Comparecencia: compareciente, presentó conclusiones refrendadas por el presidente y el secretario y que se encuentran adjuntas al expediente

EN PRESENCIA DEL SEÑOR PROCURADOR DE LA REPÚBLICA

PROCEDIMIENTO DE AUDIENCIA

Por acta de ujier de justicia con fecha del 18 de julio de 2006 (n° de caso: 0621308076), la SOCIEDAD DE LOS HABÚS Y LOS LUGARES SANTOS DEL ISLAM, representada por su presidente Dalil Boubakeur, hizo citar ante este tribunal (17ª sala correccional — cámara de prensa) en la audiencia del 22 de septiembre de 2006 a Philippe Val, director de la publicación del periódico *Charlie Hebdo*, y a la sociedad Éditions ROTATIVE para responder, respectivamente en calidad de autor y de responsable civil, por el delito de injurias públicas contra un grupo de personas debido a su religión, en este caso la religión musulmana, previsto por el artículo 29, apartado 2, y reprimido por el artículo 33, apartado 3, de la ley del 29 de julio de 1881, por la publicación, en portada de la revista *Charlie Hebdo* número 712 fechado el 8 de febrero de 2006, de una caricatura que se supone representa al profeta Mahoma sosteniendo la siguiente afirmación: *"Es duro ser amado por estúpidos..."*; en la página 3 de la misma revista, de una caricatura que se supone representa al profeta del islam recibiendo a unos terroristas sobre una nube y expresándose en estos términos: *"Stop stop we ran out of virgins!"*, así como de otra caricatura que se supone representa al profeta Mahoma con un turbante transformado en bomba con el detonador encendido.

Por acta de ujier del 3 de agosto de 2006 (n° de caso: 0620808086), la UNIÓN DE ORGANIZACIONES ISLÁMICAS DE FRANCIA (UOIF), representada por su presidente en ejercicio, Lhaj Thami BREZE, compareció ante este mismo tribunal en la audiencia del 22 de septiembre de 2006 Philippe Val, director de publicación de la revista *Charlie Hebdo*, y la sociedad Éditions ROTATIVE para responder respectivamente como autor y responsable civil del delito de injurias públicas contra un grupo de personas debido a su religión, en este caso la religión musulmana, prevista por el artículo 29, apartado 2, y reprimida por el artículo 33, apartado 3, de la ley del 29 de julio de 1881, por haber publicado las mismas tres caricaturas en portada y en página 3 del número 712 del periódico *Charlie Hebdo*, fechado el 8 de febrero de 2006.

En cada uno de los dos casos en los que se constituyó el tribunal, la parte civil demandante solicita:

– la publicación en el primer número a publicarse después de la notificación de la sentencia, bajo multa de 50.000 euros por semana de retraso, de un comunicado judicial en portada de la revista *Charlie Hebdo* sobre una superficie que no puede ser menor a la mitad de esa portada,

– la publicación de la sentencia con forma de comunicado judicial en otros cinco órganos de prensa a elección de la parte civil y a expensas de los "demandados" con un límite de 8.000 euros libres de impuestos por cada publicación.

– condenar al acusado a pagar la suma de 30.000 euros a título de daños y perjuicios en reparación del perjuicio moral sufrido,

– declarar a la sociedad ÉDITIONS ROTATIVE como responsable civil de las condenas pronunciadas,

– el beneficio de la ejecución provisoria,

– la condena solidaria de Philippe VAL y de ÉDITIONS

Georges Kiejman - Richard Malka

ROTATIVE al pago de la suma de 10.000 euros por aplicación de las disposiciones del artículo 475-1 del Código Procesal Penal.

En la audiencia del 22 de septiembre de 2006, el tribunal fijó en 1.000 euros el monto del depósito para cada expediente —sumas que fueron depositadas el 9 de octubre de 2006 por la UNIÓN DE ORGANIZACIONES ISLÁMICAS DE FRANCIA y el 30 de noviembre de 2006 por la SOCIEDAD DE LOS HABÚS Y LOS LUGARES SANTOS DEL ISLAM— y remitió los casos a la audiencia del 1° de diciembre de 2006 para relevo, y a las del 7 y 8 de febrero de 2007 para alegatos.

En esta misma audiencia inicial del 22 de septiembre de 2006, la LIGA ISLÁMICA MUNDIAL presentó conclusiones de intervención voluntaria en calidad de parte civil en el caso n° 0620808086, mientras que la asociación DEFENSA DE LOS CIUDADANOS y la ASOCIACIÓN PROMOCIÓN SEGURIDAD NACIONAL (APSN) declararon constituirse en partes civiles en ambos expedientes mediante correos del 14 de octubre recibidos en la secretaría de la cámara el 18 de octubre de 2006.

El 1° de diciembre siguiente, el tribunal decidió convocar a una última audiencia de relevo fijada para el 12 de enero de 2007 a fin de detener la organización de los debates, fecha en la cual los remitió para examen de fondo y alegato en las audiencias del 7 de febrero de 2007, a las 9 y a las 14 horas, y del 8 de febrero de 2007 a las 14 horas.

En estas audiencias del 7 y 8 de febrero de 2007, ambos expedientes fueron examinados simultáneamente.

Philippe Val, en calidad de acusado y de representante legal de la sociedad responsable civil, compareció en persona con la asistencia de sus consejeros, el letrado Georges KIEJMAN y el letrado Richard MALKA.

La asociación SOCIEDAD DE LOS HABÚS Y LOS LUGARES SANTOS DEL ISLAM estuvo representada por sus abogados, los letrados Francis SZPINER y Christophe BIGOT.

La asociación UNIÓN DE ORGANIZACIONES ISLÁMICAS DE FRANCIA compareció en la persona de Lhak Thami BREZE, su presidente en ejercicio, y fue asistida por el aletrado Ouassini MEBAREK.

La asociación LIGA ISLÁMICA MUNDIAL estuvo representada por el letrado Med Salah Djemal.

La asociación DEFENSA DE LOS CIUDADANOS compareció en la persona de su presidente, Claude KARSENTI, y la ASOCIACIÓN PROMOCIÓN SEGURIDAD NACIONAL (APSN) en la de su presidente German GAIFFE. Este último se constituyó también en parte civil a título personal. Georges MATHIS y la asociación BASTA DE CENSURA, CORRUPCIÓN, DESPOTISMO Y ARBITRARIEDAD en la persona de Joël BOUARD, intervinieron además en calidad de partes civiles en el transcurso de los debates.

Los testigos fueron invitados a retirarse a la sala reservada para ellos.

Al inicio de la audiencia del 7 de febrero de 2007, los abogados de la defensa desarrollaron *in limine litis* sus conclusiones, invocando la inadmisibilidad de las partes civiles intervinientes a actuar especialmente en virtud de un fallo del Tribunal Supremo del 10 de mayo de 2006, así como la de la SOCIEDAD DE LOS HABÚS Y LOS LUGARES SANTOS DEL ISLAM a falta de haber producido los documentos estatutarios justificando su objeto social y su publicación en el Diario Oficial.

Claude KARSENTI planteó un motivo de nulidad relativo a la citación de los testigos, preguntándose por la validez de las citaciones realizadas para una audiencia distinta a aquella en la que se procederá a escuchar al testigo.

Luego de haber escuchado las explicaciones de las partes sobre estas medidas procesales, siendo los consejeros del acusado los últimos en tener la palabra, el tribunal decidió adjuntar los incidentes de fondo.

Se procedió entonces al interrogatorio de Philippe Val y a la audiencia del presidente de la UOIF y de los testigos: Abdelwahab MEDDEB, citado por la defensa; Michel LELONG, citado por la LIGA ISLÁMICA MUNDIAL; y de Flemming ROSE, Antoine SFEIR, François HOLLANDE, Elisabeth BADINTER, Denis JEAMBAR, Mehdi MOZAFFARI, Dominique SOPPO, Caroline FOUREST-GUILLEMOT, Claude LANZMANN, François BAYROU, Mohamed SIFAOUI y Daniel LECONTE por parte de la defensa.

En el orden prescrito por la ley, el tribunal escuchó luego a las partes civiles intervinientes en persona, los consejeros de las partes civiles demandantes y el de la LIGA ISLÁMICA MUNDIAL, que desarrolló sus conclusiones —solicitando la publicación de un comunicado judicial en portada de *Charlie Hebdo,* y esto bajo multa en caso de incumplimiento, así como en tres diarios de su elección, un euro de daños y perjuicios, el pronunciamiento de la ejecución provisoria y la suma de 5000 € a título del artículo 475-1 del Código Procesal Penal. Luego, el representante del Ministerio Público llevó a cabo los pedimentos fiscales, concluyendo que los elementos constitutivos de la infracción no estaban reunidos, y luego los abogados de la defensa alegaron la absolución del acusado, quien tuvo la palabra en último lugar.

Al término de las audiencias y conforme a las disposiciones del artículo 462, apartado 2, del Código Procesal Penal, las partes han sido informadas de que la sentencia sería pronunciada el 15 de marzo de 2007, fecha luego retrasada al 22 de marzo de 2007.

RECORDATORIO DE LOS HECHOS

El 30 de septiembre de 2005, el diario danés JYLLANDS-POSTEN publicó un artículo titulado *"Los rostros de Mahoma",* acompañado de doce dibujos.

Flemming ROSE, responsable de las páginas culturales de ese diario, explicó haber querido enfrentar una reacción editorial a lo que le había parecido una autocensura con respecto al islam tras el asesinato del cineasta Theo VAN GOGH; evocó con especial interés la dificultad del escritor danés Käre BLUITGEN para encontrar a un dibujante que aceptara ilustrar un libro para niños dedicado a la vida del profeta Mahoma —solo uno aceptó hacerlo, pero manteniendo el anonimato—, lo que lo llevó a dirigirse a los miembros del sindicato danés de dibujantes de prensa invitándolos a dibujar a Mahoma tal como se lo imaginaban.

Consecuencia de esta difusión inicial, se produjeron diversas manifestaciones y otras publicaciones en distintos lugares del mundo. Así, una primera manifestación de protesta reunió a 3.000 personas en Dinamarca el 14 de octubre de 2005; un diario egipcio publicó después algunos de esos dibujos sin provocar ninguna reacción por parte de las autoridades de ese país. A finales de 2005 y a comienzos de 2006, algunas organizaciones islámicas denunciaron la difusión de caricaturas del profeta Mahoma y se produjeron numerosas manifestaciones violentas, especialmente en Pakistán, Irán, Indonesia, Libia o Nigeria, en el curso de las cuales algunos manifestantes quemaron la bandera danesa o atacaron representaciones diplomáticas; algunos de esos manifestantes murieron durante esas manifestaciones callejeras.

Conviene señalar en este sentido que varias personas pusieron en duda la espontaneidad de algunas de esas manifestaciones, haciendo valer especialmente que *"imanes autoproclamados"* habían añadido deliberadamente a los doce dibujos originales representaciones agraviantes del profeta, aportadas al debate por la defensa, que lo mostraban con una cabeza de cerdo o como un pedófilo.

El 1º de febrero de 2006, el diario *France-Soir* publicó a su vez las caricaturas danesas, lo que llevó al despido del director de la publicación, Jacques LEFRANC.

Por procedimiento de urgencia a hora indicada en fecha del 7 de febrero de 2006, cinco asociaciones, entre ellas las dos partes civiles actualmente demandantes, solicitaron específicamente al presidente del Tribunal de Primera Instancia de París prohibirle a la sociedad editora de *Charlie Hebdo* que pusiera a la venta el semanario cuya publicación estaba prevista para el día siguiente. Por disposición del 7 de febrero de 2006, esas citaciones fueron declaradas nulas por violación de las prescripciones del artículo 53 de la ley del 29 de julio de 1881 invocada tanto por la defensa como por el Ministerio Público.

En estas circunstancias, el miércoles 8 de febrero de 2006 el diario *Charlie Hebdo* publicó un *"NÚMERO ESPECIAL"* (nº 712) casi íntegramente dedicado a las *"caricaturas de Mahoma"*. En portada de ese número, bajo el título: *"Mahoma DESBORDADO POR LOS INTEGRISTAS"*, figura un dibujo de CABU que muestra a un hombre barbudo con la cabeza entre las manos y diciendo: *"Es duro ser amado por estúpidos..."*.

En las páginas 2 y 3 de esa publicación, las doce caricaturas publicadas en Dinamarca, de estilos y trazos muy diferentes, se reproducen en pequeño formato encima y debajo de un recuadro, con el título: *"¡ESCONDAN ESOS DIBUJOS QUE NO QUIERO VERLOS!"*, bajo el cual figuran, por un lado, un texto de la ASOCIACIÓN DEL MANIFIESTO DE LAS

LIBERTADES (AML) titulado "¡Por la libertad de expresión!" y, por otro, un dibujo de WOLINSKI que presenta a un hombre barbudo y risueño que tiene en sus manos un documento titulado *"CARICATURAS"* con esta leyenda: *"Mahoma declara: ¡es la primera vez que los daneses me hacen reír!"*. A la derecha, en dos columnas, *"EL EDITORIAL por Philippe Val"*, titulado: "Pequeño glosario de una semana caricaturesca", reúne las reflexiones del director de la publicación del semanario bajo diferentes secciones: *Profeta Mahoma, El derecho a la representación, Recordatorio histórico, Tercera Guerra Mundial, La bomba en el turbante, Libertad de expresión, Meter en el mismo saco, Tabú, Racismo, Víctimas, Inmovilidad.*

Las páginas siguientes presentan, sobre el mismo tema central, numerosos otros dibujos (sobre todo de TIGNOUS, CHARB, RISS, HONORÉ, LUZ, WOLINSKI y SINÉ) y artículos (titulados, por ejemplo, "2005, buena cosecha para la blasfemia", "Puntos comunes entre una pipa y un profeta", "¡Echa a Dios a patadas y él regresa con un turbante!", "¡Spinoza, vuelve!").

Así, en la página 4 del periódico, un artículo de Caroline FOUREST, bajo el título "¡TANTO LÍO POR DOCE DIBUJOS!", se anuncia de la forma siguiente: *"Los diarios que se 'atrevieron' a publicar las caricaturas de Mahoma se ven amenazados con represalias y se considera los Estados o sus ciudadanos cómplices de la blasfemia. Ante esta ola de violencia, Charlie intentó analizar la polémica y sus consecuencias. Se trata de mostrar que la libertad de expresión debe ser más fuerte que la intimidación".*

La periodista explica ahí por qué, según ella, *"Charlie y otros diarios franceses y europeos decidieron publicar esos dibujos. Por solidaridad. Para manifestar que Europa no es un espacio en el que el respeto a las religiones prime sobre la libertad de expresión. Porque la provocación y la irreverencia son armas para hacer retroceder la intimidación del espíritu crítico de la que el oscurantismo se alimenta".*

En Francia, muchos otros órganos de prensa escrita o audiovisual difundieron los dibujos daneses, entre ellos la revista *L'Express*.

En Dinamarca, el fiscal de VIBORG tomó la decisión, confirmada por el Fiscal General del Estado, de no iniciar demandas penales contra el diario JYLLANDS-POSTEN. Siete asociaciones locales interpusieron entonces recursos ante el tribunal de AARHUS, que el 26 de octubre de 2006 rechazó las demandas presentadas contra Carsten JUSTE, redactor en jefe, y Flemming ROSE, responsable de las páginas culturales del diario, señalando especialmente que si no es posible *"evidentemente excluir"* que tres de los dibujos —uno de los cuales está denunciado en el marco del presente juicio— *"hayan sido percibidos como calumniosos por algunas musulmanes",* no queda probado que *"la intención que llevó a su publicación haya sido ofender a los lectores o expresar opiniones para desacreditar [...] a los musulmanes a los ojos de sus conciudadanos".*

ANTE LO CUAL, EL TRIBUNAL:

SOBRE EL PROCEDIMIENTO:

Considerando que el artículo 387 del Código Procesal Penal permite al tribunal, cuando interviene en varios juicios de hechos conexos, disponer la unificación ya sea de oficio o por solicitud del Ministerio Público o de unas de las partes;

Considerando que en este caso y en la preocupación por una buena administración de justicia hay lugar para disponer la unificación de ambos casos en los que interviene la presente jurisdicción, por cuanto atañen exactamente a los mismos hechos, además reprochados a un único acusado bajo una calificación jurídica idéntica;

Considerando, además, que en aplicación del artículo 48-1 de la ley del 29 de julio de 1881, toda asociación regularmente declarada desde hace al menos cinco años desde la fecha de los hechos y que por sus estatutos se proponga combatir el racismo puede ejercer los derechos reconocidos a la parte civil en lo que concierne a las infracciones previstas especialmente en el artículo 33, apartado 3, de esta ley;

Considerando que la admisibilidad para actuar de al menos una de las partes civiles demandantes no está impugnada ni es impugnable; que, de hecho, la asociación UNIÓN DE ORGANIZACIONES ISLÁMICAS DE FRANCIA justifica estar regularmente declarada desde hace más de cinco años a fecha del 8 de febrero de 2006 y tener por objeto estatutario, en particular, combatir el racismo, la islamofobia y la incitación al odio racial;

Considerando, por lo tanto, que al haber sido puesta así legalmente en marcha la acción pública por parte de una de las partes civiles demandantes, no es necesario en esta etapa examinar la admisibilidad de las otras constituciones de parte civil;

Considerando, finalmente, que no se corre ningún riesgo de nulidad por el hecho de que un testigo fuera escuchado en otra audiencia que aquella para la que fue citado; que si el artículo 435 del Código Procesal Penal prevé que *"los testigos son citados"*, el artículo 444 del mismo código especifica que el presidente puede *"determinar él mismo soberanamente el orden de llamada de los testigos"* y que también pueden ser admitidas a testificar, con autorización del tribunal, personas que no fueron regularmente citadas;

Considerando que el recurso de nulidad presentado por el presidente de la asociación DEFENSA DE LOS CIUDADANOS debe ser entonces descartado;

SOBRE LA ACCIÓN PÚBLICA

Las partes civiles sostienen principalmente que pese a las numerosas caricaturas que, según ellas, ofenden de manera deliberada a los musulmanes en su fe, limitan las demandas a tres de entre ellas, a saber, a la de CABU publicada en portada del semanario *Charlie Hebdo* y a dos de los dibujos daneses reproducidos en página 3. Estos tres dibujos cometerían el delito de injurias públicas contra un grupo de personas, en este caso los musulmanes, por causa de su religión, por lo cual la publicación litigiosa se inscribiría dentro de un plan de provocación cuidadosamente pensado para ofender a la comunidad musulmana en sus creencias más profundas, por razones vinculadas a la vez a una islamofobia característica y a consideraciones puramente comerciales.

El acusado, por su parte, hace valer esencialmente que la ilustración de portada, propia de la tradición satírica del diario, solo apunta a los integristas musulmanes, mientras que las otras dos caricaturas, inicialmente publicadas en Dinamarca y que se encontraron en el centro de la actualidad mundial durante varias semanas, solo apuntan a denunciar a los movimientos terroristas que cometen atentados en nombre del profeta Mahoma y del islam y no a la comunidad musulmana en su conjunto. Philippe Val sostiene además que un número considerable de musulmanes defendió con fuerza la publicación de esas caricaturas, protestando contra la instrumentalización política de aquellos que pretendían hablar en su nombre y reducir al silencio a todos aquellos que estuvieran más comprometidos con la libertad de expresión y el laicismo que con un dogmatismo estrecho.

– En derecho:

Considerando que las presentes demandas penales están basadas en el artículo 29, apartado 2, de la ley del 29 de julio de 1881 que define la injuria como "toda expresión agraviante, términos de desprecio o invectiva que no contiene la imputación de ningún hecho", y en el artículo 33, apartado 3, de la misma ley que pena con "seis meses de prisión y 22.500 € de multa la injuria cometida [...] contra una persona o un grupo de personas debido a su origen o su pertenencia o su no pertenencia a una etnia, una nación, una raza o una religión determinada";

Que conviene recordar que los dibujos están sujetos al artículo 23 de la ley sobre la libertad de prensa, al igual que todos los soportes de lo escrito, la palabra o la imagen, y que en lo que respecta a las injurias la intención de perjudicar es algo que se presume;

Considerando que las reglas que sirven de fundamento a las presentes demandas deben ser aplicadas a la luz del principio de valor constitucional y convencional de la libertad de expresión;

Considerando que ésta vale no solo para las informaciones o ideas recibidas de manera favorable o consideradas como inofensivas o indiferentes en una sociedad determinada, sino también para aquellas que hieren, conmocionan o inquietan, así como lo exigen los principios de pluralismo y tolerancia que se imponen particularmente en una época caracterizada por la coexistencia de numerosas creencias y confesiones dentro de una nación;

Considerando que el ejercicio de esta libertad fundamental conlleva, en los términos del artículo 10 de la Convención Europea para la Salvaguarda de los Derechos del Hombre, deberes y responsabilidades y puede ser sometida a ciertas formalidades, condiciones, restricciones o sanciones, previstas por la ley, que constituyen medidas necesarias en una sociedad democrática y deben ser proporcionales al objetivo legítimo perseguido; que el derecho a un goce pacífico de la libertad de religión es también objeto de un reconocimiento en los textos supranacionales;

Considerando que en Francia, sociedad laica y pluralista, el respeto de todas las creencias va a la par con la libertad de criticar a las religiones, cualquiera que fuesen, y con ella la de representar sujetos u objetos de veneración religiosa; que la blasfemia, que agravia a la divinidad o a la religión, no es reprimida, a diferencia de la injuria, pues esta última constituye un ataque personal y directo dirigido contra una persona o un grupo de personas por causa de su pertenencia religiosa;

Considerando que resulta de estas consideraciones que pueden ponerse restricciones a la libertad de expresión si esta se manifiesta de manera gratuitamente ofensiva para con otro, sin contribuir a ninguna forma de debate público capaz de favorecer el progreso en los asuntos del género humano;

– En los hechos:

Considerando que, al tener en cuenta el derecho aplicable, hay lugar para examinar, para cada uno de los tres dibujos demandados, si reviste carácter injurioso en el sentido de la ley sobre la prensa y a qué personas afecta, luego de determinar si el pronunciamiento de una sanción constituiría una restricción excesiva a la libertad de expresión o, al contrario, sería proporcional a una necesidad social imperiosa; que para esto resulta importante analizar tanto los dibujos en sí mismos como el contexto en el cual fueron publicados por el periódico;

Considerando que *Charlie Hebdo* es un periódico satírico que contiene numerosas caricaturas, que nadie está obligado a comprarlo o a leerlo, a diferencia de otros soportes tales como afiches expuestos en la vía pública;

Considerando que toda caricatura se analiza en un marco que se exime del buen gusto para cumplir una función paródica, en modo burlesco o grotesco; que la exageración funciona entonces como una ocurrencia que permite eludir la censura y utilizar la ironía como instrumento de crítica social y política, recurriendo a la reflexión y al debate;

Considerando que el género literario de la caricatura, aunque deliberadamente provocador, participa como tal de la libertad de expresión y comunicación de los pensamientos y las opiniones; que, por el hecho mismo de lo excesivo de su contenido voluntariamente irreverente, deben tomarse en cuenta la exageración y la subjetividad inherentes a ese modo de expresión para analizar el sentido y el alcance de los dibujos litigiosos, a pesar de que el derecho a la crítica y al humor no se encuentran exentos de límites;

Considerando que la primera caricatura publicada en portada del periódico es un dibujo de CABU que muestra a un hombre barbudo que evidentemente representa al profeta Mahoma con la cabeza entre las manos y diciendo: *"Es duro ser amado por estúpidos…"*;

Considerando, sin embargo, que este último término, si bien constituye una expresión agraviante, solo apunta a los "integristas" expresamente designados en el título: *"Mahoma DESBORDADO POR LOS INTEGRISTAS"*;

Considerando que las partes civiles demandantes pretenden equivocadamente que esta última palabra solamente haría referencia a un grado más o menos elevado de respeto de los dogmas, aludiendo al supuesto oscurantismo de numerosos musulmanes heridos por la renovada publicación de las caricaturas danesas; que, de hecho, los *"integristas"* no pueden confundirse con el conjunto de los musulmanes, pues la portada del semanario solo puede comprenderse si ese término designa a los más fundamentalistas de entre ellos que, por su extremismo, conducen al profeta a la desesperación al comprobar que su mensaje ha sido pervertido;

Considerando que ese dibujo no podría, en esas condiciones, ser considerado como reprensible respecto de la prevención;

Considerando que las otras dos caricaturas demandadas forman parte de aquellas inicialmente publicadas por el diario danés JYLLANDS-POSTEN y reproducidas en páginas 2 y 3 de *Charlie Hebdo;*

Que una se supone representa al profeta Mahoma recibiendo a terroristas en una nube y expresándose en los siguiente términos: *"Stop stop we ran out of virgins!",* lo cual, según las partes civiles, puede ser traducido como: "¡Alto, alto, ya no nos quedan más vírgenes!", y que se refiere al Corán, según el cual aquel que cumpla ciertos actos de fe recibirá, en el paraíso, la compañía de jóvenes mujeres vírgenes;

Considerando que ese dibujo evoca claramente los atentados suicidas perpetrados por algunos musulmanes y muestra al profeta pidiéndoles que pongan fin a eso; que, sin embargo, el dibujo no asimila al islam con la concreción de actos de terrorismo y por lo tanto no apunta más que el dibujo anterior al conjunto de los musulmanes debido a su religión;

Considerando que el último dibujo incriminado muestra el rostro de un hombre barbudo, de aspecto severo, coronado con un turbante con forma de bomba con la mecha encendida, sobre el que está escrita en árabe la profesión de fe del islam: *"Alá es grande, Mahoma es su profeta"*; que está hecho con un estilo muy diferente y mucho más oscuro que las otras once caricaturas danesas, que, sin embargo, eran ya muy diversas tanto en su estilo como en cuanto al tema tratado; que no provoca ni la risa ni la sonrisa, sino que más bien inspira inquietud y miedo;

Considerando que, en el editorial lindante con este dibujo, Philippe Val escribió especialmente: *"En cuanto al dibujo que representa a Mahoma con una bomba en el turbante, es lo bastante débil como para ser interpretado de cualquier modo por cualquiera, y el crimen está en el ojo del que mira el dibujo. Lo que representa no es el islam, sino la visión del islam y del profeta que se hacen los grupos terroristas musulmanes"*;

Que el acusado sostuvo en la audiencia que ese dibujo solo era, según él, la denuncia de la apropiación del islam por parte de terroristas y que solo se burlaba de los extremistas;

Considerando que en este caso una interpretación simplista no podría ser aceptada;

Considerando que, de hecho, en su artículo publicado en la página 4 del mismo número de *Charlie Hebdo,* Caroline FOUREST admite que de los dibujantes daneses *"uno solo establece un vínculo entre el terrorismo y Mahoma, en cuyo nombre actúan sin duda ciertos*

*colocadores de bombas...", y que "ese dibujo resulta
particularmente perturbador";*

Considerando que uno de los testigos de la defensa
oídos por el tribunal, Abdelwahab MEDDEB, escritor
y universitario, insistió sobre el carácter problemático
de esta caricatura en relación con una larga tradición
islamófoba que muestra al profeta "belicoso y
concupiscente"; que además declaró que ese dibujo
podía ser agraviante y constituir una manifestación de
islamofobia, por cuanto su interpretación es unívoca
pues reduce un personaje multidimensional a un solo
aspecto;

Que otro testigo, Antoine SFEIR, politólogo y
redactor en jefe de *Les Cahiers de l'Orient,* dijo haberse
sorprendido al ver el dibujo, comprendiendo que pueda
resultar chocante;

Considerando que la representación de una bomba
formando el turbante mismo del profeta simboliza de
manera manifiesta la violencia terrorista en nuestras
sociedades contemporáneas; que la inscripción de la
profesión de fe musulmana sobre la bomba, cuya mecha
está encendida y lista para explotar, deja entender
claramente que esa violencia terrorista sería inherente a
la religión musulmana;

Considerando que, si bien por su alcance ese dibujo
parece, en sí mismo y tomado de manera aislada, capaz
de agraviar al conjunto de los adeptos de esta fe y de
afectarlos en su manera de ser considerados por causa de
su religión, pues los asimila —sin distinción ni matiz—
a seguidores de una enseñanza terrorista, no debe ser

considerado, por lo que hace a la ley penal, de manera independiente del contexto de su publicación;

Que conviene, en efecto, considerarlo dentro de ese marco fáctico, tomando en cuenta las manifestaciones violentas y las polémicas provocadas por entonces, pero también su lugar dentro del periódico;

Considerando que, con relación a la publicación de las caricaturas de Mahoma, *Charlie Hebdo* no reivindicó ninguna intención de informar al público sobre un tema de actualidad, sino que reivindicó claramente un acto de resistencia a la intimidación y de solidaridad con los periodistas amenazados o sancionados, abogando por "la provocación y la irreverencia" y proponiéndose así probar los límites de la libertad de expresión; que esta situación vuelve a *Charlie Hebdo* poco sospechoso de haberse decidido, como lo pretenden las partes civiles, a publicar esas caricaturas con una perspectiva mercantil por tratarse de un número especial que fue objeto de una tirada más importante y una duración de publicación más larga que lo ordinario;

Considerando que la representación del profeta con un turbante en forma de bomba con la mecha encendida ha sido reproducida en un formato muy pequeño entre las otras once caricaturas danesas, en una doble página en la que figuraban también, además del editorial de Philippe VAL, un texto a favor de la libertad de expresión dirigido a *Charlie Hebdo* por la ASOCIACIÓN DEL MANIFIESTO DE LAS LIBERTADES (AML), que reúne a "hombres y mujeres de cultura musulmana que defienden valores de laicidad y solidaridad", así como un dibujo de WOLINSKI en el que se muestra a Mahoma risueño ante las caricaturas danesas;

Considerando, sobre todo, que el dibujo cuestionado, que es solo la reproducción de una caricatura publicada por un diario danés, está incluido en el número especial cuya portada "editorializa" el conjunto del contenido y sirve como presentación general a la posición de *Charlie Hebdo;* que en ese caso solo puede ser visto como parte de la reflexión en el marco de un debate de ideas sobre los extravíos de algunos miembros de un islam integrista que ha dado lugar a desbordamientos violentos;

Considerando que así, pese al carácter chocante y hasta ofensivo de esta caricatura para la sensibilidad de los musulmanes, el contexto y las circunstancias de su publicación en el periódico *Charlie Hebdo* aparecen carentes de toda voluntad deliberada de ofender directa y gratuitamente al conjunto de los musulmanes; que los límites admisibles de la libertad de expresión no fueron por tanto sobrepasados, por cuanto el dibujo en litigio participa del debate público de interés general que ha surgido sobre el tema del extravío de los musulmanes que cometen actos criminales y que se reivindican de esa religión, pretendiendo que puede regir la esfera política;

Que el último dibujo criticado no constituye por tanto una injuria que justifique, en una sociedad democrática, una limitación del libre ejercicio del derecho de expresión;

Considerando que, en consecuencia, Philippe VAL será absuelto de aquello de lo que se lo acusa;

SOBRE LA ACCIÓN CIVIL

Considerando que, habida cuenta de la absolución así pronunciada del acusado, las demandas presentadas por las partes civiles solo pueden ser rechazadas, sin que sea necesario resolver sobre la admisibilidad de cada una de ellas;

POR ESTOS MOTIVOS

El tribunal resuelve públicamente, en materia correccional, en primera instancia, **por sentencia contradictoria** contra Philippe VAL, acusado, con respecto a la empresa ÉDITIONS ROTATIVE, responsable civil, **por sentencia contradictoria (artículo 424 del Código Procesal Penal)** respecto de la asociación SOCIEDAD DE LOS HABÚS Y LOS LUGARES SANTOS DEL ISLAM, parte civil demandante, **por sentencia contradictoria** con respecto a la asociación UNIÓN DE ORGANIZACIONES ISLÁMICAS DE FRANCIA, parte civil demandante, **por sentencia contradictoria (artículo 424 del Código Procesal Penal)** con respecto a la asociación LIGA ISLÁMICA MUNDIAL, parte civil interviniente, y **por sentencia contradictoria** con respecto a la asociación DEFENSA DE LOS CIUDADANOS, de la ASOCIACIÓN PROMOCIÓN SEGURIDAD NACIONAL (APSN), de Germain GAIFFE, de Georges MATHIS y de la asociación BASTA DE CENSURA, CORRUPCIÓN, DESPOTISMO Y ARBITRARIEDAD, partes civiles intervinientes,

Ordena la unificación de los casos número 0621308076 y 0620808086,

Descarta el recurso de nulidad presentado por el presidente de la asociación DEFENSA DE LOS CIUDADANOS,

Absuelve a Philippe VAL de los fines de la denuncia,

Rechaza el conjunto de las demandas de las partes civiles.

En las audiencias del 7 y 8 de febrero de 2007 y del 22 de marzo de 2007 de la sala decimoséptima-Cámara de la Prensa, el tribunal estaba integrado por:

En las audiencias del 7 y 8 de febrero de 2007:

Presidente:	Jean-Claude MAGENDIE, presidente del tribunal
Asesores:	Anne-Marie SAUTERAUD, vicepresidenta
	Philippe JEAN-DRAEHER, vicepresidente
Ministerio Público:	Anne de FONTETTE, viceprocuradora
Secretarios:	Viviane RABEYRIN, secretaria
	Virginie REYNAUD, secretaria

En la audiencia del 22 de marzo de 2007:

Presidente:	Jean-Claude MAGENDIE, presidente del tribunal
Asesores:	Anne-Marie SAUTERAUD, vicepresidenta

Philippe JEAN-DRAEHER, vicepresidente

Ministerio
Público: Anne de FONTETTE, viceprocuradora

Secretaria: Viviane RABEYRIN, secretaria